Stuttgart - my Cleverly Hills

Inhalt

© Thomas Hörner

Liebe Leserinnen und Leser,

als ich Anfang 97 die Kulturredaktion verließ, um Kolumnen für den Lokalteil und das Sportressort der »Stuttgarter Nachrichten« zu schreiben, hat niemand daran gedacht, aus diesen Beiträgen irgendwann ein Buch zu machen. Zeitungstexte sind ja zunächst für den Tag bestimmt und nicht fürs Sammelalbum. Die Idee, sie zu bündeln, entstand dann fast gleichzeitig im Theiss Verlag und in der Chefredaktion der »Stuttgarter Nachrichten«.

Die meisten Texte, vorwiegend Glossen, wurden zwischen Februar 1997 und Juli 1998 unter der Rubrik »Joe Bauer in der Stadt« im Lokalteil veröffentlicht. Diese Kolumne erscheint nach wie vor mehrmals in der Woche. Sie reagiert vorzugsweise auf Ereignisse, deren Wichtigkeit man erkennt, wenn man sie nicht ernst nimmt.

Die meisten Kolumnen haben wir so gut wie nicht verändert, Angaben von Wochentagen oder Daten beibehalten; die Tageszeitung hat nun mal ihren eigenen Charakter.

Zusätzlich habe ich einige längere Texte für dieses Buch geschrieben, kleine Geschichten über Menschen und Plätze, die diese Stadt aufregender machen, als sie meist gesehen wird.

Wir müssen, das ist unser Los, die Hügel hartnäckig rauf- und runterrollen, ehe wir wissen, wo wir gelandet sind: im Stuttgarter Kessel, den Blick himmelwärts. Auf Cleverly Hills.

Viel Spaß beim Lesen!

Joe Bauer

Joe zieht
Ein Vorwort von Vincent Klink

Es dürfte bei der Widmerin gewesen sein. Am Tresen hing ein Typ, von dem ich nur ungefähr wußte, was er trieb. En face mit ihm kam mir die Erinnerung an Charles Bukowski und sein Büchlein: Aufzeichnungen eines Außenseiters, »Notes of a dirty old man«.

Nun ist Joe alles andere als dirty, und schon gar nicht alt: Zuzutrauen wäre ihm allerdings, daß er sich wie der amerikanische Sixpack-Dichter als Schnorrer bezeichnen könnte, und dann in einem Nebensätzlein die weitere Deutung streute, daß er ein paar Stories auf Lager hätte – in der Tat, wie ich später feststellte, er hatte. Die Zusammenkünfte mit ihm wurden zahlreicher, und es festigte sich bei mir der Eindruck, Joe habe seinen Namen nicht von ungefähr, weshalb ich ihn mit drei Buchstaben bevorzuge.

Mir vermittelte er als Schreiber immer mehr die Impression eines scharf fokussierenden Revolverhelden, das feine Pfötchen nervös spielend am Abzug. Er schoß, damals wie heute, mit gedämpftem Ton, sozusagen mit Schalldämpfer, und sehr gelangweilten Äuglein. Leiser Flug der Kugel reicht völlig, wenn man zentral trifft. Ich erlebte mit ihm oft die Highnoon-Szene, als er wie Gary Cooper inmitten seines Duells fast einschlief, um dann um so feiner zu feuern. Sonst eher schweigsam, kam es immer wieder zu Wortgefechten. Wehe er traf nicht, dann geriet seine Rede zu gnadenlosem Stakkato. Da blieb ihm oft nur das Crescendo sortenreiner Flüche.

Doch zurück zum Tresen. Er wußte genau, wer ich war. Das genügte, um mir sehr cool den Schwäbischen Gruß anzubieten. Mehr noch, er wie-

derholte ihn sogleich. Da wußte ich wiederum, der »Lonely Cowboy«
stammt, wie ich, von der Ostalb, wo man vorsichtshalber alles zweimal
sagt, damit's auch wirklich jeder kapiert. In der Nähe eines Ostalbgipfels
namens Himmelreich (sic!), von dessen Fuß sich die Gänseblümchen-
prärien nach Mögglingen hinab verlieren, wurde er am 14. Juni 1954 geboren. Dort gibt es seit jeher zwei Saloons, drei Verkehrsampeln und,
immerhin, eine Brauerei. Mittenlängs wird der Flecken von der B29
tranchiert, der Postkutschenroute, die nach Aussage des örtlichen Sheriffs
so manches Unheil von Stuttgart heranbringt. Es geht aber auch umgekehrt, sie führt auch talwärts zur Landeshauptstadt.

Nachdem Joe im nachbarlichen Heubach im Fußballtor stand und jede
Menge dreckiger Bälle abfing, viel entgegennehmen mußte und nicht
austeilen konnte, kam ihm die Idee, sich im Schreiben zu versuchen.
Zeitgleich flog er von der Schule, weil er partout nicht einsehen wollte,
daß A-Quadrat mal B-Quadrat zum Wissen eines aufstrebenden Zentral-
europäers zu gehören habe. Der Stinkefinger war damals noch nicht erfunden, so rückte er grußlos ab, der Hauptstadt eine Parzelle näher ans
Fell.

Er begann ein Volontariat bei der »Remszeitung« in Schwäbisch
Nazareth, der rabenschwarzen alten Reichsstadt, wo man sich, bis heute
mit Recht, auf die Hohenstaufen und auf Federico Secondo beruft und
zwischendurch auch schon mal Wolfgang Schuster als OB beschäftigte.
Klein-Joe wurde notgedrungen renitent. Er war reif für Stuttgart.

Gerade etwas über zwanzig Jahre alt, setzte er sich zwischen alle Stühle in die unterste Etage des Presseturms. Schrieb und schrieb, lieferte
alles andere als moderate Zeilen und stählte sich an den Anschissen seiner Vorgesetzten. Joe schrieb trotzdem weiter – fühlte sich in Stuttgart
immer ein Quentchen unwohl und pflegte so bis heute den Adrenalin-
spiegel, der ihm die Phantasie befeuert.

Und mittlerweile, nachdem man ihn endlich aus dem Alltagsgeschäft
entfernt und ihm das Kolumnistenkabuff zugewiesen hat, sprech' ich aus,
was viele denken: Jetzt hockt er dort, wo er hingehört. Das bedeutet, daß

es ihn kaum auf dem Stuhl hält und er oft ruhelos durchs Städtle zieht, das Ohr ans Volk legt, um die Befindlichkeiten der Einwohner in seine journalistische Botanisiertrommel zu zupfen.

So geistert er als fleischgewordene Entrüstung durch die Stadt, die er offensichtlich doch sehr liebt, sonst könnte er deren Puls nicht so heiß und treffend zu Papier bringen.

Vincent Klink, Wielandshöhe

Grüß Gott –
ein Befehl

Fast jeder Alleinunterhalter, der mit seinem Leben bisher nicht viel anfangen konnte, beginnt seinen Vortrag auf der Bühne so:»Auf dem Weg ins Theater passierte mir heute abend folgendes …« Der Rest ist dann nicht mehr so wichtig, weil auf dem Weg ins Theater selten etwas passiert und schon gar keinem Alleinunterhalter.

Dieser Kunstgriff aber erleichtert den Einstieg vor dem Publikum. Wir bitten um Aufmerksamkeit:»Auf dem Weg in die Redaktion passierte uns heute morgen folgendes …« Guter Anfang. Aber wie weiter? Wir versichern: Es passierte nichts. Rein gar nichts, obwohl wir immerhin drei Straßenbahnlinien benutzten und fünf Minuten heroisch zu Fuß gingen. Kein Crash. Kein Raubüberfall. Von keiner schönen Frau angerempelt. Von einer anderen übrigens auch nicht.

Ersatzweise liebäugeln Journalisten auch mit dieser Methode:»Auf dem Weg zu xy erzählte mir der Taxifahrer folgendes …« Diese Geschichten sind aber meistens erfunden, weil die guten Tage gut erzählender Taxifahrer vorbei sind und Taxifahren auch zu teuer geworden ist.

Alleinunterhalter sind folglich ziemlich allein, kommen aber dafür öfter (Drohung). Paßt Ihnen, verehrtes Publikum, etwas nicht? Sie können uns nicht auspfeifen, weil Sie dauernd gähnen müssen? Schicksal. Die Gage ist bezahlt. Noch ein Versuch: Fakten, Fakten, Fakten. Aufregend in dieser Stadt ist etwa, daß in Stuttgart tätige Fußballspieler nicht nur Nachbarn vermöbeln, sondern auch Journalisten.

Der letzte ähnlich gelagerte Fall liegt immerhin 15 Jahre zurück:

Damals ohrfeigte ein Schauspieler in der Theaterkantine einen Kritiker. Das ist Unterhaltung. Jetzt sind wir in der Stadt. Nicht mögen kann diese Stadt nur, wer sie nicht kennt, der Ignorant. »Ja, Stuttgart ist schön«, hat der Alleinunterhalter Ringelnatz 1928 in einem Brief geschrieben, »gegen dies Scheißmünchen ein Paris.« Inzwischen sind ein paar Tage vergangen. Aber geändert hat sich nichts.

Dummerweise sind Stuttgarter selten gewillt, ihre Stadt hartnäckig genug zu verteidigen. Sie mögen keine Attribute. Ein frecher Berliner fragte uns neulich, ob wir inzwischen wieder einen OB hätten. Wir antworteten mannhaft mit »ja«, ernteten aber Staunen. Wir nannten daraufhin Vor- und Zuname, Alter, Partei, Familienstand und Lebendgewicht des neuen Mannes.

Diese, zugegebenermaßen, rein bürokratischen Angaben hinterließen nicht sehr viel Eindruck. Also sagten wir, immerhin Deutschlands ersten OB engagiert zu haben, der sich prompt selbst, dann seine Kollegen und schließlich die ganze Stadt zur Chefsache bestimmt habe. Inzwischen sei er bundesweit auf dem Chefsachensektor führend. Dies gelte sehr wohl auch für die stadteigene, weltmännische Etikette. Der Chef habe sein Personal dieser Tage nachweislich angewiesen, die Kundschaft am Telefon gefälligst mit »Grüß Gott«, bei Handlungsbedarf auch mit »Bitte« oder »Danke« anzureden. Sir!

Das verschaffte uns Respekt, zumal wir hinzufügten, daß ein Stuttgarter Chef, im Gegensatz zu einem regierenden Berliner Grüß-Gott-Onkel, niemals von einem Ei am Kopf getroffen wurde. Allein deshalb aber wurde der andere populär.

Wir wurden dann gefragt, wie wir's hier mit den Narren, äh, dem Humor überhaupt hielten. Die Antwort fiel uns leicht: »Heute morgen auf dem Weg ins Rathaus passierte uns folgendes ...«

Die Pointe werden Sie nie erfahren. Wir sind wieder unterwegs. In der Stadt.

8. Februar 1997

Nacht in der Stadt

Von Casanova, Katakomben und Ben Becker

Im Jahr 1994, das kein besonderes war, wurden in Stuttgart zehn Morde verübt. Fünf davon in den Nachtstunden: zweimal war eine Schußwaffe im Spiel, einmal ein Messer, den Rest erledigten die Täter mit bloßer Hand. Vermutlich ist das für eine Stadt, in der weniger als eine halbe Million Menschen leben, kaum mehr als guter Durchschnitt. Aber wir können aus diesen Morden schließen, daß es in Stuttgart nachts ein Leben gibt. Anderswo müßte man diesen Nachweis weniger blutig führen. Hier allerdings leiden die Menschen, die sich nach Sonnenuntergang auf die Straße trauen, unter den Gerüchten aus konkurrierenden Provinzstädten, in Stuttgart würden lange vor Mitternacht die Bordsteine hochgeklappt.

Das hat so nie gestimmt. Es gab zu allen Zeiten erregende Gelage im Talkessel, es war nur nicht immer einfach, live dazuzustoßen und lebend wieder rauszukommen.

Der Italiener Giacomo Girolamo Casanova (1725–1798), als Hardcore-Papst der internationalen Sexszene berühmt geworden, hinterließ uns auf Umwegen eine Geschichte, die etwas von Stuttgarts historischer Klasse als mafioses Zentrum vermittelt.

Eines Tages stieg Casanova in der württembergischen Hauptstadt ab, in der Herzog Karl Eugen regierte und die Kunst Hochkonjunktur hatte. Casanova, ein Liebhaber der Oper und des Balletts, ließ sich von drei Offizieren überreden, irgendwelche, angeblich italienisch sprechende Mädchen zu besuchen. Jedenfalls landete er im dritten Stock eines Hurenhauses, wo er billigen ungarischen Wein trank und sich zum Kartenspiel überreden ließ. Der Fusel war dermaßen vergiftet, daß man den

Italiener später mit einer Sänfte abtragen mußte, was nicht weiter schlimm gewesen wäre, hätte er nicht mit seinem Verstand auch 4000 Louis auf Schuldschein im Puff gelassen.

Casanova hatte schlechte Karten; ihm drohte Knast, dem er nur entging, weil ihm zwei hübsche Frauen dabei halfen, sich abzuseilen. Der Schuldschein, dies zum besseren Verständnis der nächtlichen Gefahren, ist mittlerweile von der Kreditkarte, einem tödlichen Instrument der Abzocktechnik, abgelöst worden.

Das allgemein zugängliche Bordell, eine Metapher schattenwerfender Verlockung, hat seine Attraktivität als Asyl der Nacht eingebüßt. Es lebt bestenfalls fort als Fluchtpunkt romantisch verklärter Kunstfreaks oder literarisch allzu spät infizierter Beatniks, die unter den Perücken mehr oder weniger schlecht geschminkter Animierdamen noch immer den Geist Toulouse-Lautrecs oder Herbert Hunckes vermuten. Diese intellektuell angelegten Nachforschungen kosten aber sehr viel Geld.

Der eher harmlose, aber hochbedürftige Stuttgarter Triebtäter fährt heute mit seinem Wagen hinaus nach Bietigheim oder Backnang, während vereinzelt Herrschaften aus den Kreisstädten Stuttgarts Kiez, den kürzesten der Welt, besuchen. Bis heute spricht man zwar vom Rotlicht-Bezirk, es wäre aber, auch im Hinblick auf Casanova, vernünftiger, ihn als Zone der Finsternis zu behandeln. In diesem Geschäft haben Privatisierung und brutale Industrialisierung dermaßen überhand genommen, daß der Passant amtlich geduldete Puffs nächtens nur noch als Treffpunkt trillerpfeifender Bundeswehr-Soldaten wahrnimmt. Die Jungs, meist im Trikot der Fußball-Nationalmannschaft, feiern ihren Abgang. Die Wahrheit übers Metier aber bleibt im Verborgenen.

Trotzdem hat sich das internationale Stuttgarter Nachtleben in den vergangenen Jahren enorm geöffnet. Kein Mensch, der es darauf anlegt, hat heute Probleme, 24 Stunden non stop Bars, Discos oder Kneipen zu finden. Ein gewisser sportlicher Ehrgeiz und auch die Spürnase für den Genuß, das nächtliche Abenteuer, das ja immer durch das Warten auf ein Liebes- oder Bettwunder beeinflußt wird, sind so flötengegangen. Es gibt zu essen und zu trinken, den Rest muß man selbst anmachen.

Eine verschlossene Tür birgt kein Geheimnis mehr, dümmstenfalls steht ein muskelbepackter Nachtwächter davor, dem unter der Berufsbezeichnung »door man« der Einstieg in die Klatschspalten eines Möchtegern-Night-Life-Magazins gelingt.

Das Stuttgarter Zentrum, wo heute in einem von den Ordnungshütern sauber abgesteckten »roten Kreis« die Nacht zum Tage wird, war auch Jahrzehnte nach dem Zweiten Weltkrieg so unbewohnbar wie, sagen wir, München. Man befand sich auf Brachland, auf Ackergebiet; ein paar Rotlicht-Baracken und eine Imbißbude auf Rädern, die relativ lange nach Sonnenuntergang Fleisch und paprikascharfe Würste anbot, galten als Sündenpfuhl.

In den späten 50er Jahren versuchten sich der Galerist Hans-Jürgen Müller und der mittlerweile verstorbene Theatermensch Klaus Heydenreich an einer kulturellen Symbiose von Halbwelt und Avantgarde. Mitten im Sumpf spielte plötzlich eine provisorisch aufgebaute Bühne, das ursprüngliche Theater der Altstadt, und man konnte damals tatsächlich an eine Renaissance der friedlichen Verbindung von Schattengewächsen und Lichtgestalten glauben.

Aber eines Nachts ging die Bühne in Flammen auf. Es gab Tränen. Im Feuerschein versammelten sich die Luden der Stadt samt Damen und spendierten Kohle für den Wiederaufbau. Vermutlich wurde in dieser Nacht das Sponsoren-Business erfunden. Heute floriert in der einstigen Einöde das totale Business, allerdings geht es jetzt um die handelsübliche Dienstleistung, die sich weit fortschrittlicher gibt als die halbseidene.

Das Stuttgarter Nachtleben der 90er, andernorts zu Unrecht belächelt, ist mit eine Erfindung der ausländischen Bevölkerung, die inzwischen ein Viertel der Einwohner stellt.

Der mondänste Platz der jüngeren Vergangenheit war ein dekonstruktivistisch zusammengenagelter Club namens Zapata, unweit des Hauptbahnhofs und deshalb ein berühmtes Nacht-Entree für den Stuttgart-

Touristen. Dieser Laden, von südamerikanischer Virtuosität gezeichnet, wurde gegen alle Gesetze der Gastronomie gestaltet und sah aus wie ein baufälliger Abenteuerspielplatz, ein Paradies für die Kinder von Caipirinha und die berufsjugendlichen Politiker der Grünen. Promis aus ganz Deutschland ließen sich ankarren – eines Tages aber kamen die Bulldozer.

Das Schönste an dem ehemaligen, inzwischen abgerissenen Tropfsteinschloß waren übrigens die Zapata-Katakomben, wundersame Kellergewölbe, ein Hinweis auf die Existenz einer Suttgarter Unterwelt. Der an Stuttgart geübte Mensch hat unter der Oberfläche ohnehin schon immer ein mysteriöses Eigenleben vermutet, einen unterirdischen Staat im Staate, den es zu entdecken gilt.

Der Berliner Schauspieler Ben Becker (»Schlafes Bruder«, »Comedian Harmonists«), zunächst auf den Stuttgarter Staatstheaterbühnen und als notorischer TV-Gangster bekannt geworden, muß daran gedacht haben, als er eines Samstag abends in einem asphaltierten Biergarten mit seinem Freund Tommy die Lage besprach. Das Lokal, vor dem die beiden saßen, einst ein ästhetisch erregender Rundbau für das öffentliche Bedürfnis, nennt sich Palast der Republik; die gegenüberliegende Disco, ein Beispiel Stuttgarter Urbanität, hieß Das Unbekannte Tier.

Ein paar müde Punks spielten in der untergehenden Sonne Federball, als Tommy sich zu Becker hinüberbeugte und ihn fragte, ob er eigentlich wisse, daß der ganze Platz, auf dem sie hier saßen, untertunnelt sei, und daß er seit langem davon träume, sich dieses Gelände hier im Herzen der Stadt zu erschließen und mental einzuverleiben. Das sei, antwortete Becker, ein guter Gedanke, man könne auf diese Art und Weise eindringen ins ewige Dunkel der Stadt.

Das Duo stieg in den Heizungskeller der Disco, rüstete sich mit einem Schraubenschlüssel und einer Taschenlampe und begann seine Expedition durch Stuttgarts letzte Geheimnisse. Im Schein der Lampe – Becker schwört darauf, das habe ihn beeinflußt – kam dem Schauspieler die Idee, Menschenmassen und das Getümmel vor dem Disco-Eingang künftig zu vermeiden, indem man die Bar des Palasts auf direktem Weg durch den Gullideckel einnehme, was auch nervende Wartezeiten am Tresen verhindere und zudem die Damenwelt beeindrucke. Im übrigen könnte man auf dieser Route elegant wieder abtauchen und so den Kreisverkehr perfektionieren.

Die beiden kämpften sich, von Unmengen Rattenkacke und Spinnweben behindert, durch die säuerlichen Gemäuer, ehe sie einen dem Vernehmen nach tonnenschweren Gullideckel als korrekten Ausgang orteten. Als sie das Eisen endlich aus seiner Halterung gewuchtet hatten, tat sich ein schwarzes Loch über ihnen auf, das durch seine Stille irritierte.

Becker, von der »Räuberleiter« seines Partners unterstützt, gelang schließlich als erstem der Durchbruch an die Oberwelt. Statt an der Bar aber stand er mitten in einem Schlafzimmer, ausgerüstet mit Stereoanlage, Spiegel überm Bett.

An den übergroßen Fenstern des Raums drückten sich Passanten die Nase platt. Becker, mit Mühe dem Kanalsystem entkommen, war in der Dekoration eines Einrichtungshauses namens Rohrer gelandet.

Es galt zu verschwinden, bevor die Polizei auftauchte. Die Nacht war noch nicht gelaufen.

Der Automat
spricht deutsch

Ist nur eine Frage, nicht persönlich gemeint: Mit wem haben Sie heute schon geredet? Ihr Briefträger hatte es eilig, Ihr Zeitungshändler war verkatert, und die Dame an der Supermarkt-Kasse redet grundsätzlich nicht. Sie schweigt und nimmt.

Es gab Zeiten, da hätte ich mich über diese Lieblosigkeit aufgeregt. Inzwischen ist alles anders. Werde unentwegt angesprochen. Heute morgen die Stereoanlage angeschaltet, die Leuchtschrift meldet: »Good morning.« Wieder ausgeschaltet: »See you later.«

Schnell mal rüber zum Geldautomaten: »Bitte geben Sie Ihre Geheimzahl ein.« Kein Problem. »Auszahlung aus technischen Gründen nicht möglich.« Werfe einen Blick in die Zeitung: »Sechs Jahre für Bankräuber. Der 33 Jahre alte Winfried L. wurde vom Stuttgarter Landgericht wegen schwerer räuberischer Erpressung . . .« Sollen sie ihr Geld behalten.

Gehe zur Straßenbahn-Haltestelle. Einsam. Lese deshalb die Anweisungen auf dem Fahrkarten-Automaten. Eigentlich ist es ein Wunder, daß überhaupt jemand – außer den Schwarzfahrern – in der Straßenbahn sitzt.

Wer versteht, wie diese Maschinen funktionieren? 5000 Haltestellen mit Nummern. Zone x, Zone y etc. 001, 002. Kennziffer 000 unbekannt. Was wollen die? Heiteres Stadtteilraten? Und was macht ein des Deutschen nicht Mächtiger an diesen Maschinen? Lotto spielen? Ein deutscher Automat spricht deutsch. Aber jeder vierte Stuttgarter ist Ausländer.

Werfe meinen letzten Fünfer ein. Kurzstrecke. Leuchten am Automaten: »Passend zahlen.« Schon gut. Laufen ist eh gesünder.

Beschließe, wieder nach Hause zu gehen, um der Welt schriftlich mitzuteilen, daß ich keine Lust mehr habe, von Automaten dumm angemacht zu werden. Schalte meinen Computer ein. Leuchtschrift: »Willkommen.« Jetzt reicht's.

Entscheide, zum erstenmal seit 21 Jahren einen Brief von Hand zu schreiben: »Sehr geehrte Damen und Herren Automaten, da ich heute aus technischen Gründen nicht passend zahlen kann, können Sie mich mal in Zone 2, Kennziffer 002, und so weiter . . . Hochachtungsvoll . . .«

Gehe zur Post. Nehme eine Mark, werfe sie in den Briefmarkenautomaten. Briefmarkenautomat hat keinen Bock: »Außer Betrieb.« Nebenan hängt ein zweiter Automat, aus dem man Briefmarkenbriefchen (wer hat dieses Wort erfunden?) ziehen kann. Mindesteinsatz: fünf Mark. Klingle bei meiner Nachbarin, leihe mir fünf Mark (werde ihr demnächst die Einkaufstasche in den sechsten

Stock tragen). Werfe Fünf-Mark-Stück in den Briefmarkenbriefchen-Automaten-Schlitz.

Fünf-Mark-Stück fällt. Briefmarkenbriefchen-Automaten-Display meldet: »Danke.« Greife in Briefmarkenbriefchen-Automaten-Schacht. An den Rest der Geschichte kann ich mich nur noch bruchstückhaft erinnern. Tagelange Ohnmacht.

Liebe Deutsche Post AG: Der Briefmarkenbriefchen-Automaten-Schacht war leer.

Was übrigens, liebe Leserinnen und Leser, macht man mit einer Briefmarke der Deutschen Post AG? Richtig. Man nimmt die Zunge, reichlich Spucke, und dann . . . Dienst am Kunden ist kein Zuckerlecken. Sie wissen, was ich meine.

1. März 1997

Flucht aus
dem Kessel

Stuttgart, wir wissen es seit Jahren, blutet aus. Man muß das so dramatisch formulieren, denn die Lage ist bedrohlich: Die Stadt leert sich zusehends, die Menschen hauen ab. Jedes Jahr wohnen weniger in Stuttgart. Sinnigerweise wird dieses Phänomen auch mit Stadtflucht umschrieben. Das hört sich lustig an: Bei Nacht und Nebel packen die ehrenwerten Bürgerinnen und Bürger, eben noch stolze Mitglieder einer metropolenartigen Gemeinschaft von weltmännischem Anspruch, ihre Koffer und verduften, wie Casanova, auf Nimmerwiedersehen. Statt im Talkessel großstädtisch auf den Putz zu hauen, schieben sie plötzlich eine ruhige Kugel – kaufen sich Nummernschilder mit den Buchstaben BB, LB, WN, logieren verdeckt im Filderkraut oder in Winsen an der Luhe.

Die Stadtverwaltung läßt diese Schwindsucht seit geraumer Zeit mit investigativem Ehrgeiz untersuchen. Der OB hat einen Fragebogen unterschrieben, in dem zum Beispiel geklärt wird, was der abgeneigte Stuttgarter für Gründe für einen freiwilligen Transfer hat. Etwa: Parkplatzangebot? Oder – wegen der flotten Formulierung in Anführungsstrichen – »Tapetenwechsel« (Als ob wir hier keine Maler hätten.)

Geben wir dem Dichter das Wort: »Das Stuttgarter Klima«, notierte 1840 Nikolaus Lenau, »ist abscheulich, ich liege in diesem Tal wie auf einer Bratpfanne. Ich habe alles getan, was mir leiblich frommen sollte, auch das Baden nicht vergessen; doch die Luft ist gar zu lax und erbärmlich.«

Und irgendwann ist die Luft mal raus. Die entscheidende Frage finden wir ziemlich am Ende des Formulars: zunehmende Überfremdung?

Ein Problem, sehen wir ein. Wir sind uns fremd geworden, Berta und ich. Mit meinem Nachbarn hab' ich seit Jahren nicht gesprochen, ich kann mir seinen Namen nicht merken. Und Ali, seit 20 Jahren unser Barmann, ist nicht wiederzuerkennen: Am Donnerstag hat er seinen Schnauzer abgenommen. Nichts ist mehr, wie es war.

Früher kamen wir mit einem Untertürkheimer zurecht. Inzwischen geben sie uns Tequila und Caipirinha.

Imre drüben verkauft Köfte, Julio Paella, Costas Souflaki, Demir macht in Cevapčiči, Paolo in Pizza, und Landu-Mambu dreht uns seit Jahren Couscous an. Wir sind uns fremd geworden, der Gaisburger Marsch und ich. Und warum fährt Fuchsschwanz-Willi neuerdings eigentlich statt eines Volkswagen (Golf GTI) einen Honda?

Nicht, daß wir das Problem verniedlichen wollten. Wir haben es begriffen. Warum aber wird unmittelbar nach der »Überfremdung« auf dem Fragebogen das Stichwort »Angst vor Großstadtkriminalität« gegeben? Die feine Art ist das nicht, und die Strafe für diesen Fauxpas sollten die Herren vom Amt mit schweren Euros begleichen. Die Grünen – na gut, die Grünen – erkundigten sich bereits, ob Stuttgart damit seinen Beitrag zum »Europäischen Jahr gegen Rassismus« leiste.

Hört mir doch auf mit dem Fremdeln. Gibt es denn irgendeinen vernünftigen Grund, statt nach Möhringen nach Möglingen zu ziehen? Wir müssen hier durch, wir mögen den Kessel, und wir bleiben hier. Ich hab' es schließlich auch nicht leicht.

Neulich hab' ich Pedro schon wieder beim Taubenfüttern erwischt.

10. März 1997

Harry, Elber
und ein Tor

Am Wochenende bestand die Fernsehmöglichkeit, zwischen Harald Schmidt und dem echten »Dirty Harry« hin und her zu zappen. So etwas läßt sich kein vernünftiger Mensch entgehen. Während Harry mit seiner Magnum 44 ein Killer-Monster jagte, spielte Harald am Mikro mit dem Leben: Er spottete über Stuttgart.

Wenn Stuttgart, wo Dirty Harry II einst mühsam das Schauspielerhandwerk beigebracht wurde, demnächst seinen Bahnhof im Erdboden versenke, sagte Schmidt, habe das den Vorteil, daß man künftig beim Umsteigen die Stadt nicht mehr sehen müsse. Kluge Köpfe hätten zudem errechnet, daß Stuttgart, falls es seinen Wartesaal 2700 Meter tief einbuddle, mit Kohlesubvention rechnen könne.

Gelernt haben wir daraus, daß Harald, geschulter Nürtinger, etwas

versteht vom Tieferlegen – deshalb ist er Ford nach Köln.

Im weiteren Verlauf seiner Late-Show wurde er aber richtig gescheit: Statt fünf Milliarden für »Stuttgart 21« rauszuschmeißen, sagte er, sollten die Schwaben lieber ihr Geld für Giovane Elbers Verbleib beim VfB ausgeben. Umgekehrt könnten wir jetzt behaupten, es wäre klüger, täglich statt ins Müngersdorfer Stadion in den Dom zu investieren – dort hängt der Haussegen weniger schief.

Andererseits fällt es uns schwer, Herrn Schmidt nicht recht zu geben. Denn anderntags waren wir im Daimlerstadion. VfB gegen Dortmund.

Ein Schlagerspiel ohne die Fahrt mit der Straßenbahn ist kein Schlagerspiel. Die Angst, in der Menge erdrückt zu werden, bestärkt uns in dem Glauben, ein Fußballheld zu sein (vor allem, wenn man es gewohnt ist, auf den Kickers-Platz zu gehen).

Am Morgen vor dem Spiel hatte ich wieder mal in dem Buch »Fußballfieber«, einer biographischen Geschichte des englischen Autors Nick Hornby, geblättert. Hornby, Anhänger von Arsenal London, schildert die unheilbare Krankheit des hoffnungslos hingebungsvollen Fans: Er hat oft keine Freude an seinem Klub, er leidet wie ein Hund, aber er verläßt eher eine Frau als seinen Verein.

In der 83. Minute, als Elber nach einem sagenhaften Spurt über das halbe Spielfeld das 3:1 erzielt hatte, beobachtete ich eine ziemlich traurige Szene. Vor mir saß ein kleiner Junge, von Kopf bis Fuß in die Dortmunder Farben gehüllt. Als das Tor fiel, sprang neben ihm ein Erwachsener auf, streifte dem Jungen die schwarz-gelbe Mütze vom Kopf und jubelte ausgelassen mit erhobenen Armen.

Der Junge bekam große Augen, schaute hilflos in die Runde. Und dann begann er zu weinen. In diesem Moment brannte die Ruhr. Erst jetzt begriff der Mann neben dem Jungen, was er angerichtet hatte und nahm den Buben tröstend in den Arm.

»Ich gehe aus vielerlei Gründen zum Fußball«, schreibt Hornby, »aber ich tue es nicht der Unterhaltung wegen...« Dafür ist die Sache zu ernst.

Stunden nach dem Spiel saß mein Kollege in einem Wirtshaus im Schwäbischen Wald, gut 100 Kilometer von Stuttgart entfernt. Er wollte zu Abend essen. Warm essen, sagte man ihm, könne er erst, wenn der Wirt zurück sei. Zurück aus dem Daimlerstadion.

17. März 1997

Bäcker für Arme

Tazzelwurm kommt: Geschichten vom Weißenhof

Vor dem Eingang zu den Courts des TC Weißenhof befinden wir uns *Am Tazzelwurm.* Gefährliche Adresse. Bei der Spezies Tazzelwurm handelt es sich um ein Fabeltier, ein giftiges Reptil mit spitzen Ohren, das vornehmlich bei Wetterwechsel erscheint. Demnach ist der Tazzelwurm auf dem Weißenhof dieser Tage ziemlich oft aufgetaucht. Zuletzt am Dienstag, als der Tennisspieler Nicolas Kiefer zu Boden ging. Anschließend regnete es.

Ich verstehe nichts vom Tennis. Daß es Sportarten gibt, bei denen Netze zwischen den Gegnern aufgebaut werden, ist mir erst bewußt geworden, als Evander Holyfield seinem Herausforderer Mike Tyson ein Ohr geliehen hat.

Wenn Tazzelwurm kommt, ist Tennis spannend. Dann gehen die Athleten ins Trockene, weil ihre Disziplin den typischen Regenspieler, wie weiland Fritz Walter, nicht kennt. In diesen Minuten und Stunden des Niederschlags müssen wir uns einer Selbsttherapie unterziehen, uns selbst beschäftigen.

Es gibt auf dem Weißenhof eine Möglichkeit, an einem Apparat seine Aufschlagstärke zu testen. Aber nur mit Schläger, uninteressant.

Es bleibt zur weiteren Bekämpfung der Langeweile bei Regen der geistige Urquell eines Mannes: das Restaurant. Tennis-Restaurants heißen nicht 08:15, sondern eher Tie-Break. »Tie« ist englisch und bedeutet Krawatte. »Roasted legs of lamb in Australian-Cabernet with salsify.« Wer das um zwölf bestellen will, muß um zehn anfangen mit Auswendiglernen. Bei dieser Übung fiel mir eine Geschichte ein.

Vor 175 Jahren starb zu Stuttgart der Bäcker Georg Philipp Weiß. Herr Weiß war ein Mann mit Charakter. Er trug bis zu seinem Tod Dreispitz, Zopf und Schnallenschuhe, würde also in keiner Vip-Lounge sonderlich auffallen.

Georg Philipp Weiß wurde am 5. Juni 1741 in Stuttgart geboren, sollte auf Wunsch seines Vaters eigentlich Pfarrer werden, lernte dann aber auf eigenen Wunsch das Bäckerhandwerk. Diese Entscheidung sollte sich als Segen für ganz Stuttgart herausstellen.

Weiß war zunächst sogenannter Commis-Bäcker und Militärbäcker. Dabei lernte er eine Menge über Massenverpflegung. Ende der 60er Jahre gründete er in der Becherstraße eine Bäckerei samt Wirtsstube. Bald wurde er überall in der Stadt berühmt als Engel der Armen. 1770 fiel die Ernte in Stuttgart miserabel aus. Weiß war zeitweise der einzige, der es schaffte, weiterhin Brot zu backen. Den Bedürftigsten machte er niedrige Preise und erfand für sie ein »geringes Brot«, zwei Kreuzer unter dem gesetzlichen Preis. Seine humane Einstellung hielt er Zeit seines Lebens aufrecht, auch in den Jahren 1816/17, als eine schlimme Hungersnot das Land heimsuchte. Am 28. Juli 1817 fuhr Weiß nach der diesmal besseren Ernte den ersten Wagen voll Korn durchs Königstor und auf den Schillerplatz. Die Bürger samt Kindern begrüßten ihn mit Musik und Gesang. Und als der Dankgottesdienst stattfand, so wird berichtet, setzte er sich nicht auf einen Ehrenplatz, sondern hinter einen Pfeiler.

Wir sollten nicht vergessen zu erwähnen, daß der Wohltäter Georg Philipp Weiß schon 1779 den landwirtschaftlichen Betrieb Weißenhof aufgebaut hat. Nach seinem Besitzer wurde das Gelände benannt, das heute jeder als Weißenhof kennt. Weiß starb am 19. Februar 1822. 56 Jahre später wurde auf dem Weißenhof die erste Gastwirtschaft eröffnet. Seit den 20er Jahren dieses Jahrhunderts wird dort oben Tennis gespielt.

Bevor ich's vergesse: Bei »Roasted legs of lamb in Australian-Cabernet with salsify« handelt es sich um Lammhäxchen im australischen Cabernet mit Schwarzwurzeln geschmort, zusätzlich Stangenweißbrot.

Aber Tazzelwurm kommt. Adieu, Weißenhofbäck. Sie spielen wieder.

Die Sitte
im Viertel

Eine Stadt ist nur eine Stadt, wenn sie ihre Viertel hat. Kein Mensch weiß so genau, was ein Viertel ist: Suburbia, Lebensraum am Rande, Tummelplatz der Lifestyle-Cliquen.

Irgendwann, nach der Sanierung, fliegt einer über das Kuckucksnest, parkt am Platz seiner Träume und ruft die neue Republik aus.

So ähnlich muß es gewesen sein – etwa im Bohnenviertel. Eines Tages kamen sie an, eröffneten ein paar Kneipen und Boutiquen. Plötzlich bewegte sich die Karawane der Eroberer zwischen »Brenner« und »Cantina Toscana« und brüllte nach einem hellenischen Zwischenspiel »Basta«.

Seitdem werden dort Menschen gesehen, stolz durchs Quartier patrouillierend, manche im Porsche. Sie reden von »unserem Viertel«, ergraute Homeboys und -girls auf Pflasterstein.

Gehen wir weiter, Richtung Tagblatt-Turm. Die »Tauberquelle«, eine schwäbische Kneipe mit Gespür für Travestie. Am Biergärtchen vorbei, die Nesenbachstraße entlang. Jetzt sind wir mitten im Gerberviertel. Möchtegern-Suburbia, aufkeimend mit heimeliger Architektur. Tagsüber hat es der Flaneur nicht schwer: Es gibt etwas zu gucken. Im Café Graf Eberhard sitzen die Leute schon morgens im Freien.

Zum Essen gehen viele gegenüber ins »Punto Fisso«. Die Deutschen, die dort speisen, behaupten wie alle Deutschen, die zum Italiener gehen, daß ihr Italiener der italienischste von allen Italienern sei, und sie, die Gäste, die italienischsten von allen deutschen seien. Ein paar der Stammgäste können nicht irren: Sie arbeiten beim Fernsehen, beim deutschen. – Man kann übrigens billig essen im Gerberviertel, spanisches Hähnchen mit Knoblauch im »Don Juan« oder im »El Vaquita« (im Geburtshaus des Künstlers Oskar Schlemmer, Gerberstraße 5 A), Tapas im »Solera«, Portugiesisches im »Porto Fino« an der Hauptstätter Straße.

Es prallt Buntes aufeinander im Gerberviertel. Die Städtische Pfandleihe – sie überstand den Bombenhagel im Zweiten Weltkrieg – und drei Plattenläden, darunter »Einklang«, das auf Klassik spezialisierte Geschäft eines ehemaligen EDV-Managers; dort werben Transparente für eine Reihe mit »entarteter Musik«, neu aufgelegte Kompositionen, die von den Nazis einst verboten wurden.

Wie's der Zufall will: Unweit dieser Adresse kann man »Original Wehrmachtsstiefel« in einem Lederladen kaufen oder zur Beruhigung im »Ipanema«, einer südamerikanischen Mini-Bar unter griechischer Leitung, eine Caipirinha nehmen; das Girl von Ipa-

nema findet man übrigens auch gegenüber: im internationalen Schönheitsstudio »Afro-American-Shop«.

Das Gerberviertel wird von den Stadtläufern vielleicht unterschätzt, so wie ein roter Sandplatz an der Nesenbachstraße – zum Leid der spielenden Kinder von Baumaterialien verschandelt – auf einem Schild als »Grünfläche« überbewertet wird.

Das Gerberviertel, nicht frei von sozialen Problemen, strahlt zumindest am Tag Ruhe aus. Vielleicht, weil dort die Sittenpolizei residiert. Mit Sex ist im Viertel kein Geld zu verdienen: Der Laden »La Femme« an der Paulinenstraße, wo Frauen zu Vamps aufgerüstet wurden, hat dichtgemacht.

»Es ist schwer«, so erfahren wir in der Ausstellung zur Stadtgeschichte im Tagblatt-Turm, »in Stuttgart nicht moralisch zu sein. In Paris ist es schon leichter, das weiß Gott.« Geschrieben hat diese Sätze Heinrich Heine.

19. März 1997

Dirty Harrys
Kehrwoche

Wenn wir unserem neuen Oberbürgermeister glauben dürfen,
herrscht in Stuttgart künftig das
kollektive Reinheitsgebot: Die
Stadt soll, wie's der Politiker an
sich gerne sagt, in neuem Glanz er-
strahlen. Grund für die eben gestar-
tete Wisch-und-weg-Aktion ist eine
Erkenntnis, die so präzise vermutlich noch keiner formuliert hat: Wir
sind nicht ganz sauber.

Schon klingelt es uns wieder in
den Ohren: Wir würden, schreiben-
de Schmutzfinken, die wir nun mal
seien, das Problem der flächendeckenden Stadt-Reinigung vollkommen unterschätzen. In Wahrheit versänken wir längst knöchel-
tief im Morast.

Bei der Unbeflecktheit unserer
Seele: Wir ziehen mit und un-
terstützen hiermit sämtliche Len-
kungs- und Projektgruppen zum
Thema »Bleib sauber, Stuttgart«.

Außerdem wissen wir seit jeher, wo
der Besen hängt.

Die CDU hat jetzt gefordert, die
Verwarnungsgelder in dieser Angelegenheit drastisch zu erhöhen.
Wer also meint, er könnte künftig
überall in der Stadt unbehelligt seine Häufchen hinterlassen, wird sich
bald eher mal die Haare raufen:
Statt 20 Mark wie bisher soll der
überführte Müllsünder wenigstens
100 Mark Strafe zahlen.

Diese Entscheidung finden wir
angesichts zunehmender Umwelt-
belastung grundsätzlich richtig,
aber nicht konsequent zu Ende gedacht.

Als Müllsünder gelten in diesem
Zusammenhang vorzugsweise die
kleinen Strolche, also Menschen,
die Büchsen und Flaschen in Parks
hinterlassen, gebrauchte Papierta-
schentücher unter freiem Himmel

wegwerfen oder die Aschenbecher ihrer Autos mitten auf der Straßenkreuzung leeren, um sich vor dem Kauf eines neuen Wagens zu drükken.

Im Katalog der Buße vermissen wir aber die Klärung folgender Fragen:

Wie hoch, zum Beispiel, ist das Verwarnungsgeld für eine Architektur wie jener auf dem Marienplatz? Wer ist für diese Stadt-Verschandelung verantwortlich?

Warum kommen hochfrisierte Parksünder vor italienischen Edelrestaurants im Innenstadtbereich eher ohne Strafzettel davon als die PS-schwachen Liebhaber der rustikalen Küchen?

Wen können wir belangen, wenn wir uns wie Maulwürfe durch die Unterwelt kämpfen müssen, um einmal den Charlottenplatz zu passieren?

Wer hat den Glasbau auf dem Wilhelmsplatz entworfen?

Wer bereinigt endlich den Kleinen Schloßplatz?

Wie hoch ist das Verwarnungsgeld für den Sprachmüll aus Amtsstuben, Autoradios und Politikerbüros?

Wer bewahrt uns vor übellaunigen Kellnern?

Wer bestraft die Gastwirte, die uns allabendlich mit Phil Collins beschallen? Wer schützt uns vor den Plakaten der Politiker im Wahlkampf?

Wer nimmt sich unseren benachbarten Kollegen zur Brust, der regelmäßig beim Krawattenkauf an Farbenblindheit erkrankt?

Und warum schneidet uns eigentlich niemand den Schnauzer?

Sie sehen, liebe Leserinnen und Leser, Umweltschutz ist ein weites Feld. Sagt Dirty Harry und schreitet zur Kehrwoche.

26. März 1997

Hitler löffelweise

Konrad Kujaus großer Coup

Zuletzt, mehr als 15 Jahre nach dem großen Bluff, sah ich Konrad Kujau in der Bar des Stuttgarter Hotels Maritim.

Ein wunderbarer Platz. Wenn die Nacht hereingebrochen ist, spielt dort die Musik. Eine einsame Pianistin, manchmal ein noch einsameres Duo, singt »Mendocino«, ein Flügel klimpert, und die Rhythmus-Maschine pumpt gelangweilt im Vierviereltakt.

Solche Elektro-Orchester, in Fachkreisen Synthi & Bert genannt, haben immer noch etwas Atemberaubendes. Irgendwann, als hätte die Zeitmaschine die fünfziger Jahre programmiert, stehen die Männer auf und greifen an: Sie bitten, und sie dürfen. Dann verwandelt sich der Laden in einen rosaroten Tanzpalast. In der Ecke zum Ausgang steht verloren ein Stenz im blauen Blazer, mit Halstuch und Detlev-Täschchen. Er hat den Start und womöglich den Schuß verpennt. Der Reigen läuft ohne ihn.

In dieser Bar trifft man an guten Tagen Stars, die sich nach ihrer Show in der Liederhalle einen Absacker gönnen, man beobachtet dort dreitagebärtige Fußballprofis des VfB, die anderntags wegen Überziehung des Zapfenstreichs auf die Sünderbank gesetzt werden, oder eben Konrad Kujau, den Stern des Südens.

Seine Stuttgarter Heimat ist Heslach, der bunteste Teil der Stadt. Dort, an der Böblinger Straße, betreibt Kujau das schwäbische Restaurant »Alt Heslach«, über das man Gutes hört, und sein Privatmuseum, die »Galerie der Fälschungen«. Kujau ist der ungekrönte König der Fälscher und einer der berühmtesten Männer Stuttgarts: Man wird in dieser Stadt wenig

Lebende finden, die wie er im Brockhaus verzeichnet sind, und schon gar keinen, dessen Geschichte zu Lebzeiten verfilmt wurde. »Mozart«, sagt er, »mußte 200 Jahre darauf warten.«

Kujau hat Geschichte gemacht, weil die Geschichte des »Dritten Reiches« seinetwegen beinahe umgeschrieben worden wäre. Das konnte passieren, weil ein paar Hamburger Medienmanagern Anfang der achtziger Jahre ein seltsames Gebilde aus Hakenkreuz und Dollarzeichen in den Augen leuchtete. Kujau verkaufte damals dem »stern«, einem eher aufgeklärten Magazin, stoßweise »Hitler-Tagebücher«, die später bei näherem Betrachten merkwürdige Materialfehler aufwiesen. Kujau hatte die vermeintlichen Nazi-Alben so lange im Backofen geröstet oder gebügelt, bis sie den Fischköpfen braun genug schienen. Zudem hatte er sie selbst geschrieben. Adolfs Vermächtnis kam aus Heslach.

Glücklicherweise, man spürt ja selten hautnah den Atem der Geschichte, konnte ich den Provinz-Thriller, der weltweit Aufsehen erregte, auf einem der besseren Plätze verfolgen. Die »stern«-Stunde, der vermutlich größte bundesdeutsche Medienskandal nach der »Spiegel-Affäre«, wurde im Mai 1983 exklusiv von den »Stuttgarter Nachrichten« aufgedeckt: »Kujau hat die ›Hitler-Tagebücher‹ verfaßt.«

Zu dieser Zeit saß ich im Feuilleton und konnte beobachten, wie ein junger Politikredakteur, er hieß Dr. Klaus-Ulrich Moeller und erhielt später den Theodor-Wolff-Preis, von Tag zu Tag nervöser wurde.

Als die »Hitler-Tagebücher« von zu spät geborenen Pimpfen zur historischen Sensation erklärt wurden, führten die ersten Spuren auf dem Weg zur Wahrheitsfindung bereits ins Rotlichtmilieu der Stuttgarter Altstadt. Dieses Revier war nicht unbedingt Moellers Lieblingsgegend, zumal er privat eher den romantischen Winkeln Tübingens vertraute.

So vermutete er nach einem Tip aus dem Viertel den Fälscher einmal in einer mysteriösen, nicht näher identifizierten »Bier-Bar«. Die allerdings hieß schlicht und einfach so und ist selbst bei schlechtem Wetter leicht zu finden. Das Etablissement existiert noch heute unter diesem Namen in der Altstadt.

Etliche Taxifahrer konnten damals, einige können es heute noch, gute Geschichten über einen Mann erzählen, der sich nicht nur vor der »Bier-Bar«, sondern vorzugsweise auch vor der »Sissy-Bar« im Leonhardsviertel absetzen ließ. Er geizte nie mit Trinkgeld und pfiff auf Hartgeld. Er hatte reichlich neue Scheine. Der untersetzte Mann mit Schnauzer und sächsischem Dialekt war Eingeweihten als »Champagner-Conny« ein Begriff. Eigentlich hieß er Konrad Kujau und hatte seinen Ruf im Milieu als eher windiger Militaria-Händler und fingerfertiger Kunstmaler erworben.

Beim »stern« arbeitete damals ein Hilfsreporter namens Gerd Heidemann, genannt »der Spürhund«. Der war so sehr vom Nazi-Wahn befallen und auf braune Reliquien scharf, daß sich Kujau später ärgerte, weil er ihm nicht gleich einen leibhaftigen Hitler angedreht hatte – »ein Double, vom Maskenbildner auf alt gemacht«.

Als Kujaus Galerie sich noch in der Schreiberstraße befand, tauchte Heidemann immer öfter dort auf, um den Deal des Jahrhunderts zu checken, den größten Buch-Handel aller Zeiten. Er wollte Hitlers Kladden. Hier hat ihm Kujau eine Urne gezeigt mit dem vertraulichen Hinweis, darin befänden sich die sterblichen Überreste von Adolf Hitler und Eva Braun. Heidemann fingerte mit glasigen Augen sein Zigarettenetui aus der Tasche und bat winselnd um eine Prise Hitler/Braun.

Nein, sagte Kujau, hier ruhe zusammen, was zusammen gehöre. Der Verrückte aus dem Norden orderte daraufhin die volle Portion und erhielt sie schließlich löffelweise. Vermutlich einigte man sich bei dem staubigen Geschäft auf 50 Mille in bar. Eine ziemlich teure Abfallgebühr. Kujau hatte die Urne zuvor mit verbranntem Plunder gefüllt und Asche zu Asche gemacht.

Wo aber blieben die etwa neun Millionen Mark, die Kujau und Heidemann dem »stern« für »Hitlers Tagebücher« abgezockt hatten, bevor der Schwindel aufflog? Sicher ist bis heute, daß Kujau, der nach der Aufdeckung des Skandals ein Krebsleiden besiegte, nicht als armer Mann aus dem Knast kam. Bis heute ist ungeklärt, wo die Kohle lagert, die von Hamburg aus kofferweise nach Stuttgart kutschiert wurde.

Als Harald Dietl 1992, zum Zehnjährigen des Kladden-Coups, den Stoff unter dem Titel »Schtonk« als Komödie ins Kino brachte, saß ich mit Kujau vor der Leinwand. Uwe Ochsenknecht spielte Kujau, Götz George Heidemann. Mein Sitznachbar war begeistert und sprang immer wieder mit geballter Faust aus dem Sessel:»So war das! Der George hat den Heidemann voll drauf. Der hat wirklich so gejapst. Der hatte einen an der Waffel.« Das ist nicht zu widerlegen. Einmal ergriff der Schmierenreporter in Kujaus Galerie vollkommen verstört die Flucht, weil er glaubte, der israelische Geheimdienst Mossad lauere vor der Tür. Draußen aber werkelten nur ein paar Freaks aus der Nachbarschaft an ihrem Campingbus.

Als alles vorbei war, galt Kujau, der selbst nicht als Nazi geoutet wurde, als gemachter Mann. Talk-Shows und Promi-Jäger rissen sich um ihn. Einmal zeigte sogar die Stadtverwaltung, es regierte noch Rommel, einen Anflug von Humor. Das Kulturamt öffnete dem Fälscher die stadteigene Galerie im Tagblatturm. Dort durfte er gefälschte Werke, Kopien großer Meister, ausstellen. Prompt geriet er in einen neuen Skandal. Es hagelte Proteste von Künstlern, die Kujau für einen erbärmlichen Maler und Fälscher hielten und zudem die Fahnen geifernder Moralisten schwenkten. Bezeichnenderweise besaßen die Arbeiten der Aufgebrachten künstlerisch kaum mehr Qualität als Kujaus hoch dotierte Fakes. Aber es war der Neid der Mißachteten im Spiel, und vermutlich wäre es besser gewesen, die getürkten Bilder nicht staatlich subventioniertem Gelände vorzuführen, zumal dort zuvor die Ausstellung »Stuttgart im Dritten Reich« zu sehen war. Kujau, ein mürrisches Schlitzohr, hat diesen Auftritt unter Rommels Schutz bis heute nicht verdaut; er ist noch immer sauer.

Eines Nachts beschimpfte er mich in der Bar des Maritims, wie ich meine zu Unrecht, als Unterstützer der Anti-Kujau-Fraktion. Doch ich hatte Glück. Plötzlich, nach ein paar Drinks und heftiger Debatte, umlagerten uns wild gackernde Mitglieder eines Damenkränzchens. Die Musik war aus, die Tanzfläche leer. Kujau mußte dutzendweise Autogramme geben. Vermutlich waren sie echt.

Blaustrumpf,
Frauenstraße

Zuletzt waren wir im Gerberviertel unterwegs, diesmal bewegen wir uns südlicher: nach Heslach. Ein erstklassiger Spaziergang.

Wir kommen von Westen, passieren die Grenze zum Süden, den Schwabtunnel. Wir stehen vor den Schickhardtschulen mit ihrer Jugendstil-Turnhalle: Sie hat soviel Stil, daß man darin eigentlich keinen Sport treiben dürfte. Ausnahmen aber sind erlaubt.

Heslach erscheint dem Spaziergänger nicht nur auf den ersten Blick als kurioses Stuttgarter Viertel: ein Ort voller Gegensätze. Sorgenrevier und Naherholungsgebiet. Alles dicht beieinander.

Vorbei am Erwin-Schoettle-Platz, dem Herzen des Viertels. Bei schönem Wetter ist er südländisch belebt; Heslach hat mit den höchsten Ausländeranteil Stuttgarts.

Am Schoettle-Platz der Blick auf die mächtige Matthäuskirche. An der Ecke die unvermeidliche Bar »Centrale«, Designer-Treff.

Die Bewohner Heslachs sprechen von der A-Stadt und der B-Stadt. A wie Ausländer und Asylanten. B wie Beamte und Besserverdienende. Bodensatz und Halbhöhenlage. Der Schmelztiegel im Süden.

Die kleinen Läden an der SSB-Haltestelle Schreiberstraße: Nachkriegsbauten, Provisorien für die kleine Dienstleistung. Nähmaschinenreparatur, Blumengeschäft, Änderungsschneider, Kebab. Bald wird hier saniert.

In Heslach muß bis zum heutigen Tag keiner sehr weit gehen, wenn er etwas braucht: Handwerker und Einzelhändler sind geschätzt, bieten ein Rundum-Programm. Man kann fast alles kaufen:

vom Elektro-Gerät bis zum Buch. Der Heslacher gibt so leicht nicht auf.

Ausländische Gemüsebuden haben sich zeitgemäß auf Service eingerichtet; sie liefern bei Bedarf frei Haus. Modell Amerika: türkische Delis.

Ein Bäcker wirbt mit dem Spruch:»Brot und Brötchen auf den Tisch – schon der Tag gelaufen ist.« Schöner kann man's nicht sagen.

Heslach, die Hochburg von Hofbräu, ist unterhaltend: Kujaus Fälscher-Galerie, ein Boxstudio, das kleine Theater am Faden, das Volkstheater im»Rebstöckle«, das Alte Feuerwehrhaus, das Alte Schützenhaus.

Und unzählige Wirtschaften aller Art. Klassische Weinstuben wie der »Heeb«. Unüberprüfbar, wo wer sitzt. Irgendwann – wir haben kein bestimmtes Ziel – stoßen wir auf die Kneipe»Blaustrumpf«, sinnigerweise an der Frauenstraße. Denkwürdige Kneipennamen allenthalben:»Fiaker«,»Siegeshalle«,»Vergißmeinnicht«. Nie im Leben.

Irgendwann landen wir im Eiernest, dem eindrucksvollsten Teil des Bezirks: Stuttgarts kleinste Wohneinheiten in winzigen Häuschen, unvergleichlich.

Vorbei am Marienhospital, den Schimmelhüttenweg hinauf: Augenschmaus. Links die Gartenzwerge in den Schrebergärten, neben den Gartenhäusern mit den Satellitenschüsseln auf den Dächern. Weiter oben, es geht Richtung Degerloch, kommen schon die Weinberge.

In der Abendsonne der faszinierende Blick auf Heslach, gegenüber die Lerchenrainschule. Wo schon liegen Stadt – die vertrauten Backsteinbauten – und Grün so dicht beieinander?

Im Süden gibt es fast alles. Sogar, am Südheimer Platz, die Seilbahn. Echt Heslach, daß sie ausgerechnet beim »Taxistüble« startet.

1. April 1997

Stuttgart
putzt munter

Bescheidene Frage: Hat gestern irgendjemand ein Buch aufgeschlagen? Das Scheckbuch? Am Mittwoch war Welttag des Buches; in Stuttgart ging er unter, weil alle Richtung Breuninger zu Jerry Hall rannten: unbeschriebenes Blatt, entblätterter Engel. Ein Festtag für Professor Unrat.

Apropos: Wenden wir uns modernen Lese-Zeichen zu. Am Morgen mit der Bahn durchs Remstal nach Stuttgart gefahren, durchs Fenster geschaut, draußen ein laufender Film voller mysteriöser, großformatiger, farbiger Symbole. Botschaften von lyrischem Gehalt: »Ich liebe Dich, meine Maus.«

Was ist das für ein Land? Keine Bahnmauer, kein Brückenpfeiler, keine Bushaltestelle, nicht mal entlang der Dörfer, ohne bunte Bilder.

Jetzt haben wir's: Graffiti, die jüngste Bedrohung des öffentlichen Friedens. Eben hat die Stuttgarter CDU einen Feldzug gegen die »Graffiti-Schmierereien« gestartet, flankierende Maßnahme der Großputzete »Saubere Stadt«, angeblich eine Erfindung unseres Oberbürgermeisters.

Tatsächlich gibt es derzeit kein besseres Thema als das neue urbane Reinheitsgebot, um sich zu profilieren. Putzt munter! Ausgedacht haben sich die Proper-Paragraphen aber keineswegs Kehrwochen-Experten aus dem Schwäbischen, sondern die Unerbittlichen der »Kloake New York« (Billy Graham). Seit Bürgermeister Rudolph Giuliani Amerikas Sünden-Metropole regiert, wird aufgeräumt: Razzien an allen Ecken und Enden.

Unter dem Motto »cleaner, safer, brighter« (etwa: sauberer, sicherer, freundlicher) wird die Stadt seit Jahren rundumerneuert: Big

Facelift im Big Apple. Dreck und Müll verschwinden ebenso von der Oberfläche wie Obdachlose, die sich als *Mole People* (Maulwurfmenschen) in den Untergrund verzogen haben. Soziale Probleme sind dadurch zwar nicht gelöst – allerdings ist die Kriminalitätsquote gesunken –, aber das Elend wird nicht mehr unmittelbar vor Augen geführt.

Selbst die New Yorker U-Bahn, einst Hort des Ungeziefers und der Underdogs, fährt heute mit perfekt geschrubbten Zügen. Die Graffiti sind verschwunden, obwohl es als größte Sprayer-Ehre gilt, *Whole Trains*, komplett besprühte Züge, zurückzulassen.

Ähnlich kehren die Besen in anderen Großstädten, von Denver bis Berlin. Dort wurde, ebenfalls unter dem Motto »Saubere Stadt«, die »gemeinsame Ermittlungsgruppe Graffiti in Berlin« (GiB) ins Leben gerufen. Seit Beginn der Aktion Ende März wurden über 100 Sprayer festgenommen und 400 Verfahren wegen Sachbeschädigung eingeleitet. Die schärfste Kosmetik seit dem Kampf gegen die Hunde-kacke. Zu regionaler Eitelkeit, liebe Stuttgarter, besteht also kein Anlaß. Die Front gegen die »Schmierer« steht weltweit.

Zwei Probleme noch. Graffiti, ein New Yorker Phänomen aus den 70er Jahren, wird längst auch als Kunst für teures Geld gehandelt; das wissen wir seit den guten alten Tagen von Harald Naegeli, dem »Sprayer von Zürich«. Graffiti-Freaks betrachten die Gefahr des Erwischtwerdens zudem als notwendigen Adrenalinschub für ihre Nacht- und Nebelaktionen. Das wird die Stadt-Reinigung erschweren.

Aber die Jagd ist eröffnet. Bleib sauber, New Stuttgart.

24. April 1997

Psycho-Griller
zu Pfingsten

Pfingsten, liebe Leserinnen und Leser, bedeutet, theologisch gesehen, 50 Tage nach Ostern. An Pfingsten ist den Aposteln samt Gefolgschaft der Heilige Geist erschienen. Die »Ausgießung des Geistes«, heißt es in einem Text der Evangelischen Kirche, stehe heute an Pfingsten im Vordergrund. Wer damals erleuchtet wurde, redete wirr und babylonisch, als wäre Vatertag. »Zungen, zerteilt wie Feuer«, lesen wir weiter, kündeten von einer spirituellen Show ersten Ranges.

Das Feuer zu Pfingsten ist nie ausgegangen – es brennt, wenigstens bei schönem Wetter, erregender denn je.

Willkommen an der Grill-Station.

Die folgenden Zeilen, das vorneweg, sind nicht Resultat masochistischer Selbstversuche, sondern spiegeln wahre Abenteuer aus zweiter Hand.

Ich grille nicht!

Jetzt, an Pfingsten, werden sie hinausziehen ins Grüne, in die Anlagen und an den Max-Eyth-See, auf die Egelseer Heide oberhalb Rotenberg und in den Schwarzwildpark. Bepackt mit Rost und Aschekasten, mit Holzkohle und Tierkadavern.

Verschlüsselte Rauchzeichen aus den Büschen künden vom schändlichen Brauch. Das Fleisch ist willig, und der Spieß kennt keine Gnade. Fette Schweinebäuche und triefende Würste, ganze Spanferkel und halbe Ochsen. Geopfert dem Feuer. Abgenagt und einverleibt. Ein Psycho-Griller: Jack the Ripper auf der Jagd nach Spare Ribs.

Seltsamerweise finden wir dieses Phänomen weltweit. Für den

Deutschen gibt es kaum einen schöneren Freizeitsport, als im Freien die Glut so lange anzublasen, bis sein Geist leuchtet. Der Amerikaner zelebriert sein Barbecue sogar als Wettkampfsport, und der Türke zieht für den Rost schon mal ein paar Hammelbeine lang.

Griller aller Länder, verteidigt euch. Jetzt seid Ihr dran!

Glaubhafte Zeuginnen und Zeugen versichern, am Grill bestimmten einzig und allein Männer den Drill. Während Frauen dazu benutzt werden, Steaks zu würzen, Salat zu putzen und Brot zu säbeln, spielen sich ihre Typen als Herren des Feuers auf. Jetzt können sie dicke Backen machen, ihrer Umgebung etwas pusten und ihren Urtrieb befriedigen: zündeln, was das Zeug hält. Wenn sie's nicht richtig hinkriegen, nehmen sie Spiritus zur Hilfe oder einen Fön. Griller sind leibhaftige Blasebälger, Patriarchen und Pyromanen. Manche sind so feige, daß sie mit Gas- oder Elektrogrill anrücken. Das ist wie Bergsteigen mit Hubschrauber.

Ach, Sie wollen zu Pfingsten doch nur in Ruhe ihr kleines Schweinchen rösten, ein bißchen unter freiem Himmel parlieren und die Nestwärme am Feuer spüren?

Vorsicht. Anfang der 70er Jahre habe ich »Themroc«, einen Film mit Michel Piccoli, gesehen. Darin wird ein Polizist gegrillt.

Fällt mir noch ein, daß die Pointe jedes Grillfestes dramaturgisch richtig ans Ende gesetzt wird. Dann nämlich packen die Frauen die Würstchen weg, während die Männer die Glut auspinkeln. Wem dann immer noch kein Licht aufgeht, der ist von allen guten Geistern verlassen.

17. Mai 1997

Frühstück
bei Rififi

Morgens, wenn die Welt in Ordnung sein sollte, war ein Loch in der Wand. Tresor geknackt. Diamanten-Diebe. Gangster.

Es gibt eine Menge Filme zum Thema. Rififi. Rififi bei den Frauen. Rififi in Paris. Rififi in St. Louis. Rififi in Stockholm. Rififi in Tokio. So heißen die Streifen. Jetzt haben wir Rififi in Stuttgart. Mitten auf dem Marktplatz. Ein Millionen-Coup.

Nur literarischen Detektiven und irdischen Polizisten steht es zu, Verbrechen zu deuten, Täter zu entlarven. Deshalb schweigen wir. Aber auf seltsame Gedanken kommen wir trotzdem. Jeder hat seine Abgründe.

Es war eine Art Stuttgarter Durchbruch. Hochkriminell, subversiv. Wände, die diesmal keine Ohren hatten, zu löchern, ist kein Unding, sondern ein U-Ding. Wie Untergrund, Underground. B-Ebene.

Wenn wir die Angelegenheit rein objektiv betrachten, wie es unsere Art ist, handelt es sich um einen subkulturellen Akt höchsten Maßes – wenngleich Fahnder und Versicherung diese Meinung professionellerweise nicht teilen dürfen.

Die Kreativität der Kriminellen liefert seit jeher den besten Stoff für Geschichten. Vielleicht sollten wir mal untersuchen, wie interessant Stuttgart in diesem Zusammenhang ist.

Aber wir haben anderes zu tun. »Landeshauptstadt Stuttgart – kein Ort für Kreative?« fragt die Junge Union, die Talentschmiede der CDU. Am 5. Juni diskutieren im »Showroom« des Stuttgarter Modestudios *Pompöös* Politiker und Künstler über dieses Thema. Genaues kann man sich unter der Fragestellung nicht vorstellen, aber irgendwie geht es um Rififi: Der aus dem Französischen stammende Begriff bedeutet eigentlich Streit, Zank.

Im Begleittext der Jungen Union erfahren wir schließlich, es handle sich bei ihrem Event – wir passen uns trendy an – »um *den ersten Austausch zwischen Modeszene und Politik*« (was sagt Hillary Clinton dazu?). Es »soll der Frage nachgegangen werden, warum andere Städte für kreative Berufe (Modemacher, Medienbranche etc.) attraktiver sind als Stuttgart«.

Dieses Problem beschäftigt uns schon lange. Wir haben es nur nie zu sagen gewagt. Jetzt ist es soweit: Warum rasen all die Deppen dauernd nach Mailand, Paris, London, New York? Sind die noch ganz gescheit?

Die Unionsdebatte sollte unserer Meinung nach im Landtag fortgesetzt werden, zumal sie absolut kompetent bestückt ist: Auf dem Podium sitzt zum Beispiel der CDU-Fraktionsvorsitzende Günther H. Oettinger, verheiratet mit

Inken Stange, Modedesignerin, Calwer Straße.

Wir haben im Bekleid-Text weitergelesen, und dann hatten wir plötzlich Rififi im Kopf: böse Schläge, Löcher, Durchbruch. Behind the doors. Die Junge Union möchte, wir zitieren, »das Thema ›*Subkultur als Standortfaktor*‹ verstärkt in das Bewußtsein der Politik bringen«.

Subkultur? Drogen? Kiez? Revolte? Anarchie? Wühlmäuse? Schneider?

Ach so, sie meinen ein bißchen »Szene«-Chic, Frühstück bei Rififi, äh Tiffany. Kaffee, Kuchen und Kultur.

Okay, zugegeben, wir haben keine Ahnung. Wir kaufen von der Stange.

28. Mai 1997

Revolution
in der Altstadt

Wer denkt daran, wenn er durchs Leonhardsviertel schleicht, daß er sich auf historisch revolutionärem Boden bewegt. Man hat anderes zu tun. Wer beim Slalom um die Damen ungestreift das andere Ende der Staße erreicht, marschiert neuerdings in eine Bar im Gustav-Siegle-Haus. Diese ausladende Einkehr-Halle präsentiert sich den Mitläufern des Kreisverkehrs so improvisiert, daß man dahinter eine Art Chaos-Theorie vermutet.

Der Pulk der Nacht in der ehrwürdigen »Philharmonie im Siegle-Haus«. Wer hätte das einst gedacht. Die Welt hat sich verändert.

Wer heute, am Montag, die Leonhardstraße hochgeht, sollte vor dem Haus Nummer 8 eine Gedenkminute einlegen. Das Etablissement dort nennt sich »Bierorgel«. Rotlicht. Das Gebäude beherbergte einst den legendären »Club Voltaire«. Rot. Eine politisch-kulturelle Errungenschaft der sechziger Jahre.

Das fällt mir ein, weil heute vor 30 Jahren in Berlin der Student Benno Ohnesorg bei einer Demonstration gegen den Schah-Besuch von einem Polizisten erschossen wurde. So fing es an, 1967. Die Menschen, die in dieser Zeit mitmischten, spuken heute noch als »68er«. Und Stuttgart 68, das war der Club Voltaire.

Wir selbst müssen uns auf die Berichte der Veteranen verlassen, denn zu jener Zeit hießen unsere Revolutionsführer noch nicht Rudi Dutschke oder Che Guevara, sondern Winnetou und Dave Dee.

Jedenfalls wurde der Club Voltaire 1965 nach langem Kampf mitten in der Altstadt gegründet. Zur Eröffnung sprach der Philosoph Max Bense. Hartnäckig wird behauptet, es hätten sich damals auch eine Menge Polizisten, politische Schlapphüte, eingefunden. Die Männer im 68er-Milieu sahen meist aus wie der spätere Kommissar Schimanski, hatten nur etwas längeres Kopfhaar. Die Frauen kleideten sich vorzugsweise mit Mittelscheitel und militanter Haltung.

Im Haus hingen Plakate mit wichtigen Parolen (»Yankee Go Home«); eines der Poster, original Stuttgart, ist heute noch berühmt: »Alle reden vom Wetter. Wir nicht.« Die Hausmusik spielte Wolfgang Dauner, manchmal sang ein Barde namens Reinhard Mey zur Gitarre. Die Schlachten wurden damals noch nicht am kalten Büffet geschlagen, sondern auf der Straße.

Zu einem Massenandrang kam es, als der heute legendäre Stuttgarter Polizeipräsident Paul Rau im Club Voltaire auftrat – als Disputant zum Thema »Aufgaben und Grenzen der Polizei«. Vermutlich gab es an diesem Abend Bulletten mit Ketchup.

Es hat immer gebrodelt im Viertel. Im Mai 1847, vor der Revolution, rebellierten die Leute in der Hauptstätter Straße gegen den Bäcker Mayer, der die Preise in die Höhe treiben wollte. Aus dem »Brotkrawall« wurde ein Volksaufstand; das Militär griff zu den Waffen.

Im Club Voltaire kannte diese Geschichte jeder. Ehrensache.

Ein paar Gedanken noch beim Blick auf die »Bierorgel«, etwas Nachdenklichkeit gegenüber in der »Weinstube Widmer«, wo einst Rudi Dutschke saß.

68 ging für Stuttgart nicht mit dem Club Voltaire zu Ende. Auf dem Dornhaldenfriedhof liegen die Toten. Baader, Ensslin, Raspe.

2. Juni 1997

Willkommen im Club
Wolfgang Dauner und die Erben

Der Pianist Wolfgang Dauner, am 30. Dezember 1935 in Bad Cannstatt geboren, wäre Anfang der sechziger Jahre beinahe das Opfer seines Berufs geworden. Er saß eines Nachts im Stuttgarter »Atlantic Jazzclub« am Klavier, begleitet von einem französischen Vibraphonisten mit dem Namen Dalí. Der holte plötzlich, ganz Dalí, eine Kanone aus dem Geigenkasten und legte an. Die Lage war ernst.

Der Pianist, auf den man sonst nur im Kino schießt, hatte es gewagt, in eine traditionelle Swingnummer eine sogenannte erweiterte Harmonie einzubauen, nicht falsch, aber für Monsieur Dalí ungewohnt und deshalb ein Verstoß gegen die einst orthodoxen Gesetze des Jazz.

Dauner wurde damals nicht umgelegt, sondern begnadigt, weshalb sich seinem Leben weitere erweiterte Harmonien hinzufügen sollten.

Daß man Anfang der sechziger Jahre, als sich mein musikalisches Repertoire auf Freddy Quinn und Martin Lauer beschränkte, in einem Stuttgarter Lokal Jazz spielen konnte, ohne erschossen zu werden, war tatsächlich ein Wunder.

Die längste Zeit, in der ich Stuttgart als Bewohner kenne, hörte ich Nacht für Nacht den gleichen Schrei: Willkommen im Club! Aber es gab gar keinen. Ich hatte mich verhört. Es hieß: Wooo ist der Club?

Musiker und ihre Anhänger waren in dieser Stadt obdachlos. Und ob Jimi Hendrix im Siegle-Haus gespielt hat, ist heftig umstritten, für meine Begriffe aber wahr.

Peinlich, in einem Keller der Marienstraße traf sich die Blech-Fraktion und dachte, sie höre wirklich schwarze Musik, weil ein paar von ihnen eine damals übliche rote Gesinnung hatten. Wo aber war der Club für die Nicht-Puritaner, die Rock'n'Roller und uns andere Deppen, die ihre kindischen amerikanischen Träume träumten?

Draußen im Osten hatte ein verhinderter Big-Business-Agent namens Schmid einen Laden namens »Laboratorium« aufgemacht; aber der war eher zum folkloristischen Ringelreihen mit politisch korrekter Ansage geeignet. (Daß der Schmid bis heute durchgehalten und sich dabei Verdienste um die schwäbische Trollinger-Industrie erworben hat, ehrt ihn für immer.)

Der Pianist Dauner, dem ja schon als Fünfjährigem die Tasten auf Anhieb gehorchten, kann ein Lied singen von der Zeit der Stille. Er schrieb zwar die Oper »Der Urschrei«, die als Kampfansage gegen die Ausbeutung der Musiker 1977 in Berlin uraufgeführt wurde, aber in Stuttgart gab es wenig Echo.

Eines Tages latschte Dauner aufs Kulturamt, von dem er glaubte, es könnte irgendwie ja auch für ihn zuständig sein, hatte auf dem Weg dorthin aber seine Popularität überschätzt. Nach einer längeren Wartezeit bei der Behörde wurde der Künstler mutig: »Guten Tag, mein Name ist Dauner. Ich spiele Klavier.«

Willkommen im Club.

Dauner, eine Art wandelnder Edelschal, gehört zu Stuttgart wie der Fernsehturm. Wenn heute irgendein vertrottelter, am Münchner Leuchten erkrankter Großkotzschwabe verzweifelt seinen Stuttgarter »Rossini« sucht, dann hat er keine Ahnung. Er müßte nur ein paar Tage lang Dauner verfolgen, dann wüßte er, in welchen Küchen die Musik spielt. Womöglich hieße »Rossini« dann plötzlich »Fellini« und befände sich in Stuttgarts modernstem Bankgebäude. Aber das ist ein anderes Thema, in das ich eigentlich nicht abrutschen wollte, weil mich die Bazis langweilen. Die Münchner haben Käfer und wir Mercedes.

Willkommen im Club.

Die Rotznasen, die in Skater-Taxen in die Discos rollen, haben keine Ahnung, wie das mal war ohne Heimat.

Bis in die achtziger Jahre war es in Stuttgart leichter, Millionär zu werden, als nach Mitternacht ein Bier ohne aus- und einladende Damen-Betreuung zu ordern.

Daß man in der Stadt dennoch die Sau rausließ, können die Zeitzeugen der »Hahnenhof«-Ära belegen. In diesem höchst mondänen Altstadt-Club spielten Dauner & Co. als Hauskapelle. Man konnte außerdem zuschauen, wie ein später hoch angesehener Galerist den Kürzeren zog und kalt lächelnd und warm dampfend vermeintliche Brände am Tresen löschte. Der Mann geht inzwischen standesgemäß in Berlin aufs Nobelklo.

Erstaunlich, daß erst viele Jahre später die Drogenbetreuung in den ehemaligen »Hahnenhof« einzog. Die hätten auch früher schon reichlich zu tun gehabt.

Willkommen im Club.

Eines Tages gründeten ein paar clevere Immobilien-Menschen, die etwas von Marktlücken verstanden, in einem ehemaligen Nacht- und Tanzschuppen (!) in der Wilhelmstraße den Rock-Club »Maxim«. Bei der Eröffnung – man hatte den original englischen Rock & Roll-Veteranen Steve Gibbons eingeflogen – fühlten sich manche so glücklich wie später jene Ossis, die nach dem Mauerfall ihren Hunni abholten.

Korrekterweise wollen wir nicht verschweigen, daß dort, wo einst das »Maxim« brummte, heute ein Einkaufszentrum steht. Vermutlich klaffte dort eine Marktlücke.

Willkommen im Club.

Weil ich keine Lust habe, jeden Laden einzeln aufzuführen – es gab mal einen Typ namens Braunschweiger in Stuttgart, der pro Jahr zirka 17 Jazz-Clubs auf- und dichtmachte –, wende ich mich der Gegenwart zu, auch wenn es dem Mithopper schwerfällt.

Der größte Segen für jenen Teil der Stadt, der jung sein will, war die Geburt der Fantastischen Vier. Die brachen herein wie ein Gewitter im Schnee. Endlich tauchten ein paar Typen auf, die kapiert hatten, daß es keinen Sinn hat, ständig nach draußen zu glotzen und zu kopieren.

In den Liedern der Fantastischen Vier lebt wirklich Stuttgart, die Stadt.

Als die Dorf-Kapelle Pur noch fragte, wo die Indiander sind, waren F4 bereits »zu geil für diese Welt« und ihr Versmaß zudem obergeil. Sie hatten, im Gegensatz zu unserem Oberbürgermeister, begriffen, was es heißt, vor der eigenen Tür zu kehren.

Seit es die Fantastischen Vier gibt, ist es lustiger und farbiger in Stuttgart geworden, zumal sich alle selbsternannten Event-Fuzzis im Umfeld der Truppe scharen, stets in der Hoffnung auf Rückenwind.

Willkommen im Club der neuen Clubs.

Als sich der Fanta-Musiker Thomas D. eines Tages mit dem Berliner Schauspiel-Anarcho Ben Becker auf der Bühne der kleinen »Rosenau« zum mitternächtlichen Duell der Rapper traf, war man wohl für Minuten in der Großstadt angelangt, jedenfalls dort, wo man ungeniert und weltmännisch über Heslach bzw. Häslach singen darf, ohne puren Kitsch auszudünsten.

Kann das gut gehn? Ich will Blut sehn!

Willkommen im Club.

Ihren ersten richtig großen Auftritt hatten die Fantastischen Vier übrigens mit roten Zipfelmützen einen Tag vor dem Heiligen Abend in der Schleyerhalle gefeiert. Santa Claus im vollen Haus. Fürs Schlagwerk wurde eigens prominente Verstärkung eingekauft.

Die Trommeln rührte an jenem Tag der junge Herr Florian Dauner, Sohn des zu Bad Cannstatt geborenen, vor zirka 35 Jahren beinahe erschossenen Sie-wissen-schon.

Der Club hat sich geschlossen.

Im Vorhof
der Hölle

Die Situation ist bedrohlich. Sie haben nur noch eine kleine Chance. Sie spüren unmenschlichen Druck. Auf Ihrer Stirn perlt kalter Schweiß. Langsam aber sicher blähen sich Ihre Backen. Ihre Pupillen weiten sich. Die ersten Passanten sehen Sie mitleidig an: »Können wir Ihnen helfen?«

Nein.

Ihr Hirn arbeitet fieberhaft an einer Lösung. Irgendwo muß es einen Ausweg geben. Sie blicken gen Himmel und versprechen, nächsten Sonntag erstmals seit sechs Jahren wieder in die Kirche zu gehen. Sie bieten zirka sechseinhalb Bruttogehälter für ein Schildchen mit zwei simplen Ziffern. Plötzlich gibt Ihnen Ihr Überlebensinstinkt die Richtung vor.

Am Horizont taucht die Silhouette eines kleinen viereckigen Betonhäuschens auf.

Last Exit oder Fata morgana?

In diesem Moment laufen Sie schneller als ein Kamel in der Wüste, das Wasser wittert. Sie erreichen mit letzter Kraft die Tür. Sie drücken die Klinke – und stehen im Vorhof der Hölle.

Die Tür ist verschlossen.

Das Spiel ist aus, der Super-GAU eingetreten, die schlimmste aller Null-Null-Nummern: kein WC.

Das Problem beschäftigt die Menschheit seit Jahrhunderten und in diesen Tagen Stuttgart im speziellen. Die Stadträte, nicht alle der kollektiven Not der Notdurft gehorchend, diskutieren die Schließung öffentlicher Toiletten. Es geht ums Sparen. Die Fundamentalisten fordern, wichtige Plätze menschlicher Bedürfnisse abzuschaffen.

Dieser Plan könnte in die Hosen gehen. Wer sich so eklatant der Natur widersetzt, ist kaum mehrheitsfähig. Denn der aufrechte Bürger wird ihn diesmal nicht ruhig runterspülen, den Ärger. Die Stadtkultur ist in Gefahr, das Recht auf Ruhe in Streßsituationen und intime Entspannung.

Die SPD, wegen ihrer bundesweiten Unentschlossenheit ohnehin in einer Donnerbalken-Haltung, hat jetzt das einzig Richtige getan: den Stuttgarter Klo-Konflikt als »Chefsache« ausgerufen. Womöglich muß der OB, erklärter Vorreiter des Projekts »Sauberes Stuttgart«, jetzt nachsitzen.

Neulich haben wir in der »Zeit« in einem sehr anschaulichen Bericht gelesen, wie es in Europa zuging, bevor es öffentliche Häuschen gab: Es stank zum Himmel. Versailles strahlte protzend nach außen, aber bei näherem Hinsehen entpuppte es sich als Kloake. Die Menschen entledigten sich ihrer Sorgen stets im Freien.

Längst aber haben schlaue Logistiker für den Fall X geplant: Herr Meier hat sein Darm- und Magen-Kabinett, ein echtes Erlebnis-WC, im vierten Stock eines Kaufhauses entdeckt, Herr Müller bevorzugt die Brille im Türken-Restaurant am Schwabenzentrum, und Frau Schulze macht Toilette am liebsten im Museum am Schloßplatz.

Ein Skandal. Wo die soziale Marktwirtschaft als Gesetz gilt, muß das öffentliche Privatgeschäft erlaubt sein.

Gegen das Automatik-Klo! Für die Klo-Frau- und den Klo-Mann!

Natürlich bitten wir, den Ort so zu verlassen, wie man ihn anzutreffen wünscht. So viel Zeit muß bleiben.

5. Juni 1997

Geboren in Schaffhausen

Es darf an dieser Stelle nicht darum gehen, sich über die Arbeitskraft anderer Menschen auszulassen. Wer faul ist, hat mehr vom Leben. Man muß aber, würde Lothar Matthäus sagen, volle Leistung bringen.

Weil der schwäbische Mensch kreativer konstruiert ist als der Rest der Welt, sagt er statt arbeiten oder leisten lieber »schaffen«. Das hat Größe. Ist aber rein juristisch ein Problem. Jedenfalls mußte sich neulich ein Gericht damit auseinandersetzen, daß ein Stuttgarter Steuerfachmann seiner Sekretärin – allein eine zu haben, läßt auf gewisse Macho-Allüren schließen – fristgerecht kündigte. Das steht ihm nach den demokratischen Spielregeln, die heute ja eher die Regeln der Spieler sind, zweifelsfrei zu. Aber unser Mann, den wir E. (wie Ego) nennen, machte einen verhängnisvollen Fehler. Er monierte bei seiner Dame, die wir U. (wie unschuldig) nennen, nicht nur beamtenmäßige »Fehlzeiten« (keine Ahnung, wem hier Zeit fehlt), sondern bemühte das Vokabular abgrundtiefer Bösartigkeit. U. sagte E. mitten ins Gesicht, sie sei wohl »nicht in Schaffhausen geboren«.

Schaffhausen. Das war's.

Die moralisch geschändete U. beauftragte postwendend einen Rechtsanwalt, um E. für immer in die Schranken zu weisen. Der Jurist beantragte denn auch flugs bei Gericht, der Beklagte E. solle gefälligst mehrere Dinge, auf die wir hier nicht alle eingehen möchten, unterlassen – auf jeden Fall aber die Bemerkung, U. sei »nicht in Schaffhausen geboren«. Sonst drohe E. ein Ordnungsgeld von einer schlappen halben Million Deutschmark.

Nun fragen wir uns, was Schaffhausen, das kleine, harmlose Schweizer Grenzstädtchen (34000 Einwohner), in seiner Geschichte so Großartiges verbrochen hat, daß jeder, dem man die Tatsache abspricht, dort geboren zu sein, zum Advokaten rennen muß. Das Problem trifft derzeit weltweit auf zirka 5,8 Milliarden Menschen zu. Von Schaffhausen ist uns zudem kaum mehr bekannt, als daß es an einem relativ großen Fluß namens Rhein liegt und zur Hauptstadt eines Kantons namens Schaffhausen ernannt wurde.

Der Beklagte E., von Justitia in die Enge getrieben, räumte in einer Stellungnahme untertänigst ein, daß ihm die »schwäbische Interpretation des Nicht-Geburtsortes Schaffhausen« nicht hundertprozentig geläufig sei.

Uns, wir geben's zu, auch nicht.

Auch auf die Gefahr hin, demnächst von der Kommune Schaffhausen juristisch belangt zu werden, erklären wir hiermit dem Rest der Welt, daß es uns schnurzwurscht ist, nicht in Schaffhausen geboren zu sein. Womöglich rührt der Name »Schaffhausen« noch nicht mal vom schwäbischen Schaffen (arbeiten, malochen, schuften, bohren etc.) her, sondern vom Schaf, das blökt.

Daß der Beklagte E. einräumte, U. sei nicht nur nicht in der »schönen schweizerischen Stadt« geboren, sondern in der »sicher genauso schönen schwäbischen Kreisstadt Böblingen«, ersparte ihm zwar den Gang zum Schafott, nicht aber jenen vor den Kadi.

Es gab einen Vergleich. Man ging zurück zur Arbeit. Das war der jüngste Reinfall von Schaffhausen.

24. Juni 1997

Bienzles
letzter Sturz

Es sieht nicht gut aus für den Unternehmer Schimmel, als er von einer Felskante der Schwäbischen Alb abhebt. Der Hang ist steil und steinig. Schimmel überschlägt sich unzählige Mal. Als er blutüberströmt liegenbleibt, sagt irgendjemand, er solle sich nicht bewegen. Schimmel wird sich nie mehr bewegen. Schimmel ist tot.

Kommenden Sonntag zeigt die ARD den Stuttgarter »Tatort«-Beitrag »Bienzle und der tiefe Sturz«. Wir haben ihn vorab gesehen.

Bei diesem schwäbischen Krimi – geschrieben hat ihn Felix Huby – kam mir ein bestechender Gedanke. Die Idee ist nicht neu. Genau genommen ist sie 35 Jahre alt. Aber gut.

Anfang der Sechziger, als das Fernsehen noch Wirkung hatte, fegte Francis Durbridges Krimi-Mehrteiler »Das Halstuch« die Straßen leer. Ganz Deutschland rückte in den Wohnstuben der Fernsehapparat-Besitzer zusammen und rätselte: Wer ist der Mörder? Als Walter Ulbricht die Mauer bauen ließ, bewegte das die Menschen kaum mehr.

Der Berliner Schauspieler und Kabarettist Wolfgang Neuss, der beste Politclown aller Zeiten, hatte keine Lust, den Massenwahn länger hinzunehmen. Er wandte sich an die »Bild-Zeitung« und verriet vorzeitig den Mörder. Schlimmer hätte er die Republik nicht treffen können.

Wir könnten jetzt so gemein sein und heute den »Tatort«-Mörder preisgeben. Das würde zwar die Welt nicht aus den Angeln heben, sondern höchstens ein paar versprengte Lokalpatrioten zum Umschalten aufs Privatfernsehen verleiten. Wir würden damit aber

Gutes tun. Ein Mann könnte am Sonntag abend zum Beispiel mit seiner Frau reden. Falls sie will.

Bienzles Gefährtin redet am Ende nicht mehr viel mit ihrem Mann.

Unter folgenden Bedingungen sind wir bereit, Bienzles Täter bis Sonntag nicht zu outen:

Es darf nie mehr vorkommen, daß Stuttgart durch ein unsägliches Breitmaul-Schwäbisch im »Tatort« blamiert wird.

Der Autor Felix Huby verzichtet darauf, sämtliche im Schwäbischen beheimateten Sekretärinnen unaufhörlich Schwarzwälder Kirschtorte mampfen zu lassen.

Wir wollen nie mehr sehen, wie zwei Frischverliebte in einem italienischen Nobelrestaurant (»Paolo«, hö, hö) Trollinger bestellen.

Tuba blasende, Sauerkraut fressende, bigotte Tübinger Quadratschädel mit rollendem R sind weiträumig zu umfahren. Huby, Heimat-Sack!

Stuttgarter Altstadt-Huren dürfen, im Namen der Frauenbewegung, nie mehr als schwäbischquietschende Latex-Tüten verhöhnt werden. Bei Zuwiderhandlung drohen dem Autor präzise Recherchen.

Stuttgarter Bullen, die mit Dampfmaschinen spielen und zu blöd sind, ihr Handy zu bedienen, gibt es nicht.

Die Geheimnisse von Gaisburger Marsch und Rostbraten dürfen öffentlich-rechtlich nie wieder erörtert werden.

Kürzen wir die Sache ab: Von schwäbischem Boden, um uns an Neuss anzulehnen, darf nie mehr ein »Tatort« ausgehen.

Der Mörder ist übrigens nicht der Gärtner, aber so ähnlich.

3. Juli 1997

Die Straße
der Ölsardinen

Der Mann an der Orgel heißt Armin. Ich höre ihm eine Weile zu und denke, vielleicht hat er eine gute Legende. Womöglich ist er auf einem Veermaster gefahren und hat dort das Akkordeon gespielt, bevor der Küstennebel über die Matrosen kam.

Ich frag' ihn nicht. Legenden sind schnell zerstört, auch die vom alten Mann und dem Meer. Vielleicht hat er früher Synthesizer in einem »Wienerwald« gespielt. Wir wollen's nicht wissen.

Armin singt von einer Romanze unterm Regenschirm: »Manches Herz wird schwach / Wenn es klopft auf dem Regendach.«

Land unter. So ist die Liebe.

Hier drängeln und rempeln wir uns, auf der Straße der Ölsardinen, jedenfalls gönnen sich die Menschen kaum mehr Bewegungsfreiheit. Es läuft wie geschmiert.

Zehnter Fischmarkt auf dem Karlsplatz. Was treibt einen gesunden Menschen an einem heißen Tag zu den Backfischen, ausgerechnet zu solchen, die man sich einverleibt? Ist es die Sehnsucht nach dem Urlaubsland, der Fischgeruch am Meeresstrand?

»Hallo Ihr lieben Schwaben / Ihr sollet Euch an Hildes Labskaus laben.« Hilde die Wilde.

Auf dem Pappschild eines Ständchens werden Bismarckheringe angeboten, und es ist deutlich zu sehen, daß das »c« im Bismarck nachträglich eingefügt wurde. Das ist nicht schlimm. Bismarck war nicht Hamburger, sondern Preuße. Ein Kollege hat gestern behauptet, bei dem Reiterstandbild auf dem Karlsplatz handle es sich um Bismarck. Aber es ist eindeutig Bismarcks Kaiser Wilhelm I., weshalb der Platz, auf dem es steht, auch Karlsplatz heißt. Aber das ist eine andere Geschichte.

Jedenfalls gibt es am Fuße des Wilhelms Cocktails, die flüssige Variante des Hamburgers. Einer heißt »Swimming Pool«, ein anderer »Orgasmus«. Keine Ahnung, was das mit Fisch zu tun hat. Oder haben Fische Orgasmen? Ich bin Zwilling.

Die Tiefe des Wassers ist unergründlich. Unglaubliche Viecher müssen dort rumschwimmen. Es muß auch sehr seltsam riechen im Meer. Ich will niemandem das Geschäft verderben, auch Aal-Dieter nicht, ich habe grundsätzlich nichts gegen Aale. Aber jedes Mal, wenn ich einem Aal begegne, geräuchert oder nicht, erinnert er mich an eine Szene aus Volker Schlöndorffs Film »Die Blechtrommel«:

Irgendwann zieht die Mutter des kleinen Oskar Matzerath einen toten Pferdekopf aus dem Meer, er ist gefüllt mit schlängelnden Aalen. Das obszönste Bild der Filmgeschichte.

Nehmen wir einen Korn und vergessen die Geschichte.

Ein Hai-Steak kostet 20 Mark, ein Tellerchen Shrimpskrams die Hälfte. Es gibt auch Paella, hanseatisch.

Die Frage, warum Hunderttausende von Menschen auf den Fischmarkt strömen, ist nach wie vor ungeklärt. Kenner behaupten sogar, dort werde mit zunehmendem Küstennebel Stuttgarts größter Heiratsmarkt aller Zeiten abgehalten. Sind Fische erotisch?

Vielleicht sind es Armins Liebeslieder. Hey, schwarzer Zigeuner.

Vielleicht ist es die Sehnsucht nach dem Heimathafen.

Oder einfach der Geruch.

17. Juli 1997

Stuttgarter
Hundstage

Es ist schwer, in diesen Tagen einen klaren Gedanken zu fassen. Deutschland trägt Gelb. Paris erwacht, und wir rollen über die Champs-Elysées. Zum Glück sind es diesmal nicht die Boches, sondern Bölts, Zabel und Ullrich, so daß wir uns doch noch in Ruhe der Heimat widmen können.

Gestern haben wir mit Freude vernommen, daß der Erwin-Schoettle-Platz in Heslach von einer Jury als Beispiel gelungener Architektur bewertet wurde. Wir gehen gern über diesen Platz urbaner Großzügigkeit, wo bei gutem Wetter die Boulekugel rollt. Er wirkt vor allem dann wie eine Oase, wenn es einem zuvor beim Anblick des Marienplatzes schlecht geworden ist.

Der Flaneur aber hat ein Problem. Immer, wenn er glaubt, über ihm öffne sich der Himmel, tritt er, sagen wir's ruhig, in die Scheiße. Möchten Sie das, verehrte Hundefreunde, etwa anders nennen?

Ist uns Wurscht. Wir haben keinen Bock mehr, in Demut den Blick zu senken. Trotzdem, liebe Leserinnen und Leser, haben wir Grund, mit dem Schwanz zu wedeln. Der OB will's richten. Harter Hund. Hat er einen Hund?

Eben hat er verkündet, »das Thema Hundekot« werde in das Konzept *Sicheres und Sauberes Stuttgart* »integriert«. Hätte der OB dies früher versprochen, wäre die jüngste Bürgerbefragung weniger negativ ausgefallen. Darin stufen 68 Prozent der Stuttgarter die »Unsicherheit auf den Straßen« als größtes Problem der Stadt ein.

Schon mal ausgerutscht? Anschließend verschämt den Schuh am Bordstein abgeledert?

Helge Schneiders Shit-Hit »Katzenklo« muß umgeschrieben werden. Wir stehen vor der aufregendsten Lebensraumstudie, seit Sojourner zum erstenmal den Mars beschnüffelt hat. Das Gartenamt muß prüfen, wie und wo der Hund auf Gottes Erdboden optimal das Bein heben darf.

11000 Vierbeiner, etwa zwo Prozent der Stuttgarter Gesamtbevölkerung, sind betroffen. Schweigen betreten.

Zu erörtern ist, wie eingezäunte öffentliche Anstalten aussehen könnten, damit Hunde frei herumlaufen und trotzdem ungestört Ballast abseilen dürfen. Da normale Hunde selten die Spülung bedienen, kann das Problem nur überirdisch bewältigt werden. Sind Bäume notwendig? Und was bedeutet das für den zu befürchtenden Kampf um Stammbäume?

Dürfen weibliche und männliche Hunde dieselben Klos benützen?

Vor allem: Was macht in dieser Zeit der Hundehalter? Darf er sich, im Notfall, solidarisch neben Waldi stellen?

Es wäre unfair, jetzt schon wieder über den städtischen Umgang mit menschlichen Bedürfnissen zu klagen. Aber die Frage sei erlaubt: Hunde, wollt ihr besser leben?

Nicht daran gedacht ist, Automaten mit Hunde-Notdurft-Sets aufzustellen. Der zivilisierte Hund ist also gut beraten, künftig Herrchen mit Rucksack und Schaufel auszustatten, bevor er mit ihm Gassi geht. Die Kontrolle übernimmt Kommissar Rex.

Allein der Hundehasser wird ein radikales Stadtverbot für Schnuffi fordern und, stellvertretend für die ganze Gattung, die Aufstellung unmißverständlicher Schilder verlangen:

Ciao, Bello!

24. Juli 1997

Drinnen und draußen

Eigentlich hatte ich mir geschworen, nie einen Satz über das Wetter zu verlieren. Es gebe kein schlechtes Wetter, sagen die Oberfrösche, nur falsche Kleidung. Sollen sie es den Menschen an der Oder sagen. Brechen wir den Schwur. Ich wurde ein Opfer des Wetters.

Saß relativ gut gelaunt in der Straßenbahn, Linie zwo. Der Himmel war bedeckt, aber es roch draußen nicht nach Schnee. Vom Sitz hinter mir kam aus der Stille des Abteils ein militärischer Befehl: Ich möge doch, gefälligst, das Fenster schließen (in den alten Straßenbahnen gibt es noch eine Luke); es ziehe wie nicht gescheit.

Die Stimme stammte von einer nicht mehr ganz jungen Frau. Ich sagte, man könne die Sache in Ruhe verhandeln, schließlich hätte ich das Fenster nicht geöffnet. Das müsse vor meiner Zeit passiert sein.

In der Reihe gegenüber saß eine ebenfalls nicht mehr ganz junge Frau. Das Fenster, sagte sie – und der Ton gewann an Schärfe –, habe geöffnet zu bleiben. Man müsse nicht alles zumauern. Schließlich sei Sommer. Schön und gut, entgegnete die nicht mehr ganz junge Frau hinter mir, es sei zwar Sommer, aber keineswegs so warm wie in einem richtigen Sommer. Daraufhin fiel der Anwältin des Rechts auf Frischluft eine Tüte mit Tomaten zu Boden, worauf die Interessensgemeinschaft für verminderten Durchzug im Rücken prustete, das sei nun mal die gerechte Strafe.

Die Frage, ob nun Sommer war oder nicht, konnte nicht mehr geklärt werden. Es war besser, angesichts der Leidenschaftlichkeit der Widersacherinnen den geordneten

Rückzug anzutreten, statt Referee zu spielen. Der Tomatenfall aber beschäftigte mich weiter: Was treibt die einen nach drinnen, die anderen nach draußen? Eine Menge Songs wurden darüber geschrieben: Inside, Outside.

Haben wir einen schlechten Sommer wie jetzt, wird der Drang nach draußen ungeheuer stark. Nie gab es so viele Open-air-Junkies wie heute. Das war am Wochenende zu beobachten: allein 11000 bei Carmina Burana auf dem Schloßplatz, und beim Bohnenviertel-Fest drängelten sie, als gäbe es Freibier. Die Innenstadt hoffnungslos überfüllt.

Die Freiluft-Gigantomanie ist grenzenlos. Schon überlegt man sich in Stuttgart ernsthaft, nach dem Vorbild der Berliner »Love Parade« einen Tag der Glückseligkeit zu veranstalten: Techno-Fasching auf der Route des traditionellen Pappnasen-Umzugs. Das Rathaus ist begeistert. Danach holen wir die Tour de France auf den Monte Scherbelino und Woodstock nach Heslach. Lauter Outdoor-Events.

Es gibt das gegenteilige Phänomen. Als Sonntag nacht ein Autofahrer in der Innenstadt von der Polizei gestoppt wurde, weil er zu schnell und ohne Licht gefahren war, hatte er keinen Bock auf draußen. Also schlugen ihm die Polizisten die Scheibe ein – wobei die anschließende Durchzugs-Diskussion schärfer geführt wurde als bei unseren Damen in der Straßenbahn.

In den härtesten Konflikt zwischen drinnen und draußen geriet gestern der Tennis-Vater und Neu-Schwabe Peter Graf: Er mußte seine Reststrafe auf dem Hohenasperg antreten.

29. Juli 1997

Tanz auf
dem Staudamm

Die Katze ist noch im Haus, trotzdem tanzen die Mäuse auf dem Tisch. OB Schuster, urlaubsreif, eröffnet heute das zweitägige Open-air-Fest »Stuttgart tanzt!«

Die Bürger der Stadt, so scheint es, gehen endlich auf die Straße: Jetzt beginnt der Kampf um den Sommer, schon nächstes Wochenende steigt das Stadtfest.

Während auf den Theaterbühnen die Tanz-Reihe »Sprachen des Körpers« psychedelische Spuren hinterläßt, wird unter freiem Himmel der Wettergott beschworen. Die Sonnenanbeter widmen sich dem Flamenco, sie huldigen orientalischen Rhythmen und verlieren sich in der Maßlosigkeit, dem Ursprung aller Künste: Rekordversuch im Paaren. Tod den Regenmachern! 1100 Duos sollen ran, um der Welt zu beweisen: Stuttgart, das ist Cha-Cha-Cha. Und das alles mitten auf der Königstraße, als würden die Hippies aus den Gräbern der Sex-Revolte steigen: Why Don't We Do It In The Road?

Was ist los in diesem Land? Während an der Oder die Arche Noah steht, taumeln sie am Neckar im Glücksrausch.

Cha-Cha-Cha. Jetzt hämmern die Triolen. Heute abend, wenn womöglich die Fluten steigen und die Säfte ebenso, strömen die Kids und ihre Verehrer in den Hauptbahnhof. Der Zug rast in die Nacht. Transrapid, Stuttgart schwebt im Freuden-House.

Wer in die Ferien flüchtet, ist selber schuld. Die Schule ist aus. Draußen auf den Straßen vor der Stadt tanzt keiner. Eng verschlungen werden sie in ihren Autos sitzen, sich nach Bewegung sehnen, nach der Beinfreiheit der Tänzer.

Eben haben wir erfahren, daß in keiner deutschen Großstadt prozentual so viele Autos gefahren werden wie in Stuttgart.

Cha-Cha-Cha im Stoßverkehr? Kein Grund für Stammtischwitze. Diesmal ist es der Viertakter, der den Rhythmus macht. Und diesmal tanzen die Nerven.

Der argentinische Schriftsteller Julio Cortázar hat in seiner Erzählung »Südliche Autobahn« das apokalyptische Szenario des Staus entworfen: Wochen-, monatelang vegetieren sie in ihren Kisten; manchmal ziehen sie hinaus wie Mad Max, um die Gegend nach Nahrung zu erkunden. Die Menschen in den Autos haben ihre Namen vergessen. Sie heißen jetzt einfach Peugeot, Opel, Fiat oder Ford.

Regelrechte Stämme bilden sich, Kinder werden im Stau gezeugt, das Leben ist Stillstand. Dann aber setzt sich die Karawane schlagartig in Bewegung. Die Gemeinschaft der Gefangenen verliert ihren Halt.

Wir wollen Ihnen, denken Sie, den Urlaub vermiesen? Keineswegs. Nur in Gedanken durch die Stadt getanzt, die, auf der Suche nach dem Sommer, in den Ballsaal geht: auf dem Schillerplatz, auf dem Schloßplatz, im Hauptbahnhof, wo in absehbarer Zeit die Bagger den Elefantentanz proben.

Das Festival der Bein- und Baucharbeiter, verspricht das Kulturamt, könne »ein Erlebnis für alle Sinne« werden. Sofern wir sie noch alle beieinander haben, tanzen wir, bevor der Staudamm bricht.

Schönes Wochenende.

2. August 1997

Stuttgart in Alabama

Guten Tag, liebe Leserinnen und Leser, wir melden uns brandaktuell vom »Stern des Südens«, auch wenn Ihnen das im Moment noch Schnuppe ist. Nach dem jahrelangen Hängen und Würgen, als es uns im Kampf um einen Schlogän dermaßen den Deckel lupfte, daß uns das Rathaus ein schützendes Dächle verpaßte, jetzt die Erleuchtung von oben: A star is born.

Wolfgang Schuster, ein Solist erster Güte, schickte uns ohne lange zu fackeln in die richtige Umlaufbahn: Eine Jury von Fachleuten, darunter Stadträte und ein hochrangiger Darsteller aus dem Vorabend-Programm, beorderte uns nach etlichen irdischen Fehlversuchen bei der Stuttgart-Vermarktung ins All. Ein Boulevardblatt übernahm bei Schusters Raumfahrt den Part des Pathfinder. Der Stern des Südens wird uns nach dieser Nacht- und Nebelaktion des OB weltweit heimleuchten. Alles wird gut.

Schade, daß die Präsentation des Spruchs nicht konsequenterweise im »Schellenturm« über die Bühne ging: Seit Mayer-Vorfelders Finanzlibero Märkle dort am Stammtisch bewies, daß er mehr weiß als die Polizei, ist die Weinstube als Promi-Location bundesweit in aller Munde. Am Montag widmete sich der »Spiegel« der »Schellentor-Runde«. Diese Popularität darf nicht ungenutzt bleiben.

Aber bleiben wir am Himmel. Das Wortgeklingel »Stern des Südens« ist so neu nicht: Als »Sterne des Südens« lief einst im ZDF eine Soap-Serie über professionelle Freizeit-Animateure, danach wurde das Motto von dem Komiker Roland Baisch für Nightshows im Theaterhaus eingesetzt.

Der Entertainment-Unternehmer Rolf Deyhle favorisierte als Stuttgart-Slogan »Perle des Südens«, den wir auf diesem Weg zunächst der heimischen Mineralwasser-Industrie ans Herz legen; auch Taucherklubs oder den Veranstaltern von Miss-Wahlen könnte er dienen. Daß der »Stern des Südens« international aufgehen könnte, schließen wir zwar nicht aus, befürchten aber verheerende Irrtümer: Der Amerikaner zum Beispiel, über die Existenz von Mercedes informiert, würde bei »Star of the South« (oder »Southern Star«) blitzartig an die Daimler-Filiale in Alabama denken. Schon wäre Stuttgart vom Winde verweht. Dies bitten wir wegen der internationalen Verwicklungen zu bedenken. Schließlich waren wir schon mal »Partner der Welt«.

Daß die Anbindung an das beste Auto der Welt Nachahmer finden könnte, schließen wir dagegen aus. Die Rheinperle Köln zum Beispiel würde sich kaum für den Slogan »Ford aus dem Westen« erwärmen lassen. »Stern des Südens« klingt irgendwie poetischer, fast wie Brechts »Moon of Alabama« – aber dieses Problem hatten wir schon.

Bevor die Bevölkerung, die über ihren Slogan ja nicht abstimmen darf, Star Wars anzettelt, schlagen wir einen Kompromiß vor. Um den »Stern« rauszuhalten, schon wegen Porsche, bitten wir, an einen früheren Slogan anzuknüpfen. Der hieß »Großstadt zwischen Wald und Reben«.

Einigen wir uns, in Würdigung tatkräftiger Leitfiguren, statt auf »Stern des Südens« auf »Großer Bär des Südens«. Howgh!

5. August 1997

Tor im
Schellenturm

Im Sommer 1997 wurde in Stuttgart die sogenannte Stammtisch-Affäre aufgedeckt, die bundesweit Schlagzeilen machte.

Der oberste Beamte des Stuttgarter Finanzministeriums hatte in einer CDU-nahen Runde im »Schellenturm« ausgeplaudert, ein Mannheimer Konzernmanager sitze wegen Steuerbetrugs in Untersuchungshaft. Der Impresario befand sich damals allerdings in den USA und wanderte erst später hinter Gitter.

Die Weberstraße – sie zieht sich weit durch die Altstadt – war schon immer geheimnisumwittert. Durch viele Fenster schimmert Rotlicht. Manchmal bleiben Passanten stehen und tuscheln. Manche wollen nicht gesehen werden.

Es gibt in diesem Viertel auch feine Adressen, etwa die Weberstraße 72. Neulich, als das Bohnenviertel-Fest gefeiert wurde, zwinkerten sich hier die Flaneure zu und zeigten mit dem Finger auf das alte Fachwerkgebäude. Der Schellenturm. Saure Kutteln. Nierle. Rostbraten. Man könnte einen Mundelsheimer Rozenberg, Lemberger, trocken, zum Abendessen bestellen.

»Letzter erhaltener Turm der 1567 vollendeten Stadtbefestigung«, steht auf einem Messingschild am Gemäuer. 1980 wurde der Turm als Restaurant wiedereröffnet. In den vergangenen Wochen hat die Festung nachgegeben, ungewohntes Licht drang ins Verlies, ausgerechnet in den zweiten Stock, wo der Geheimbund tagt. Hatten die Wände Ohren? Verrat?

Der Schellenturm ist Stuttgarts berühmtestes schwäbisches Lokal, seit die Geschichte vom Stammtisch die Runde macht.

Tatort Schellenturm. Rustikal, heimelig. Im zweiten Stock steht ein runder Holztisch zwischen Bauernmöbeln, Platz für 14 Männer. Gegründet wurde der Stammtisch von der CDU-nahen Gemeinnützigen Denkmalstiftung, die den Turmbau vom Bohnenviertel in die Wege leitete. Hier ist sie passiert. Die Geschichte vom Mann, der zuviel wußte.

Mittwoch, 12. März 1997. Die Herren unterhalten sich erst über den Tennisvater Peter Graf, anschließend über Fußball: VfB gegen Dortmund; kein Mann, der ein Mann sein will, hätte dieses Thema an diesem Abend ausgelassen.

Aber einer der Spielmacher fabriziert einen Fehlpaß. Baden-Württembergs oberster Finanzbeamter läßt eine leichtsinnige Bemerkung fallen. Ein Tor im Schellenturm. Er wähnt einen des Steuerbetrugs verdächtigen Konzertmanager hinter Gittern, der sich zu diesem Zeitpunkt in den USA aufhält. Dienstgeheimnis verletzt?

Tschuldigung. Wer im Turm sitzt, kann in Gedanken schon mal in den Knast abschweifen.

Im Garten des Schellenturms herrscht bei schönem Wetter Hochbetrieb. Jürgen Wurst, seit 17 Jahren Wirt des Restaurants (80 Plätze), muß lächeln. Sein Lokal, sagt er, lief vor der Stammtisch-Affäre gut. Jetzt läuft es auch gut, bestens. »Stern« und »Focus« haben in den Tagen der Affäre zum Lauschangriff geblasen. Was hätte ihnen der Wirt am Telefon sagen können? Er habe, sagt er, keine Mikros unter der Tischplatte, Stuttgarts populärster Tischplatte, gefilmt von ARD und ZDF.

Im Schellenturm hocken gelegentlich die Oberen. Undercover. Hier eilen Jürgen Schrempp, Lothar Späth und Boris Becker die Treppe hoch, wenn sie Hunger, aber Tafelsilber satt haben. Der Turm ist eine Burg, nach außen dicht. Nur dieses eine Mal in 17 Jahren hat er gewankt.

Zur Zeit macht der Stammtisch lieber Pause. Nächste Woche geht's wieder los. Alle sind gespannt, wer im zweiten Stock am runden Tisch Platz nimmt, wer fehlt, welches Spiel besprochen wird.

Fräulein, einen Rozenberg! Die nächste Lage ist ernst.

7. August 1997

Kotlett, Fröhlich, Eisen
Szenen aus der Altstadt

Die Damen in der Leonhardstraße sehen für mich aus, wie sie vor zwanzig Jahren ausgesehen haben. Ein Wunder – könnte man glauben. Aber der Schein trügt, wie so vieles in der Stuttgarter Altstadt. Ich habe nicht gemerkt, daß die Damen älter wurden, weil ich mitgealtert bin. Es kommt ja auch keiner mit einer Nadel vorbei, jedenfalls nicht mit einer goldenen, um sie für 25jährige Betriebszugehörigkeit im öffentlichen Dienst zu ehren.

Wenn man die Treppen der Unterführung hinaufsteigt, an den Fensterreihen des »Brunnenwirt« vorbeischleicht – spionierend, wer am Stammtisch Karten spielt –, tritt man aus dem Tageslicht, egal, wie hoch die Sonne steht.

Warum sollten Klischees nicht zutreffen? Jeder, der regelmäßig in der Altstadt verkehrt, hat irgendeinen Schatten, den Schatten der Vergangenheit allemal.

Wie sollte man vergessen, daß in der Straße die Dame G. aus Bayern stand und in fränkischem Dialekt freche Sprüche klopfte, ehe ihr ein Cocktail aus tödlichem Stoff zum letzten Verhängnis wurde? Sie starb einen schrecklichen Tod.

Der Kiez, und ist er selbst so mickrig geraten wie jener in der Stuttgarter Altstadt, gilt trotz aller oder wegen seiner Trostlosigkeit immer als ein Pflaster, unter dem sich romantische Geschichten verbergen. Die Profis im Milieu sehen das anders. Während die Stuttgarter augenzwinkernd von ihrem »Städtle« sprechen, nennen es die Betroffenen das »Elendsviertel«.

Manche verwechseln den Kern der Altstadt auch mit den heimeligen Erkern des angrenzenden Bohnenviertels: ein dreifaches Post, Post, Post!

Dort haben sich gut betuchte Akademiker, gewitzte Lebens- und richtige Künstler und grün-liberal-sozial-global-demokratisch geimpfte Weltmänner samt Anhang oder Groupies ihr weitgehend sauber renoviertes Revier geschaffen. Eine der zentralen Zapfstellen der Gegend heißt »Basta«, eine andere tatsächlich, und ohne jemals rot geworden zu sein, »Toscana«.

Zwischen Boutiquen, Öl- und Trödlerläden erkennt man den hartnäckigen Wunsch der Stuttgarter nach irgend etwas, das man Downtown nennen könnte. Ein bißle Soho und ein bißle weniger Gomorrha.

Sodom liegt woanders. Die Stadtverwaltung hat sich jahrzehntelang dem Irrsinn hingegeben, man könnte das Rotlicht-Milieu sanieren wie einen heruntergekommenen Wohnblock.

Eines Tages eröffnete sie in einer ehemaligen Animierbar eine Galerie für bildende Künstler. Als könnte man ein verschlissenes Bild aus dem Ramschladen mit einem neuen Rahmen aufwerten.

Jede Arbeit, die ein paar Meter weiter als Nachlaß des Wirts und Autors Hans Fröhlich in der Weinstube Widmer an der Wand hängt, ist bedeutender als die ganze Galerie zusammen. Fröhlichs Bilder, die ihm gute Künstler überreichten, als wollten sie ihn mit einem selbstgemalten Michelin-Stern für seinen Geist auszeichnen, haben überlebt. Er selbst starb 1996 mit 62 Jahren friedlich im Schlaf. Seine Wirtschaft brummt sosehr, wie der Chef früher auf hohem Niveau halbschwäbisch gebruddelt, philosophiert und rezitiert hat.

Wenn einer geht in der Altstadt, ist das im Viertel nur ein Tagesthema. Man will nicht wissen, wer der letzte war; man könnte der nächste sein. Dabei ist es keineswegs so, als laste die ewige Düsternis über dem Viertel.

An guten Tagen erlebt man hier den galligen Humor von Menschen, die wissen, daß der Geruch der Schmuddelecken allemal gesünder ist als die gesiebte Luft bei Vollpension.

Irgendwann, wenn Currywurst-Buden so selten geworden sind, wie es früher die Falafel-Tempel waren, wird man in der Imbiß-Nische des »Brunnenwirts« noch ein paar Geschichten darüber hören, auch wenn keiner danach fragt.

Einer, nach dem man heute noch manchmal fragt, hörte auf den Namen »Kotlett«. Sein Altstadt-Ruf war weit besser als sein Charakter. Aber er hat noch im hohen Alter die Rolle des local hero gespielt, denn unter anderem war er Musikant. Vor allem aber war er Fußballnarr. Er stand hinterm Tor, in jenem Sektor, den man im Stadion der Stuttgarter Kickers »Feldherrenhügel« nennt. Dort hielt sich Kotlett am Maschendraht fest und schimpfte und keifte pro Spiel wenigstens 105 Minuten. Kotlett machte keine Halbzeitpause.

Eigentlich hieß der Mann, er trug meist eine Mütze, Kurt Hörber. Sein Beruf tut nichts zur Sache. Als es das »Café Schlauder« noch gab – heute drillt dort die Caritas Sorgenkinder zu Bierzapfern –, war er ein Star. An der Theke hing sein Foto. Als die Männer mit den hochhackigen Wildlederstiefeln und den Goldkettchen noch Ford-Mustang fuhren, spielte Kotlett den Entertainer des Viertels. Mußten die Jungs außerhalb der Stadt zu ihren Einsätzen, ließ er Stehbaß und Geige in ein Großraumtaxi laden und ging mit auf Tournee.

Es war in den siebziger Jahren, als die Stuttgarter Jungs noch als Macht im Milieu gehandelt wurden. Damals packte ein Mann namens »Eisen« sein Werkzeug ein und fuhr nach Berlin, um mit den Kollegen auf dem Kiez hochkalibrig gegen die aufkommende Drogen-Mafia zu kämpfen. Das brachte Eisen ein paar Jahre Urlaub auf Staatskosten ein, aber auch ein Coverfoto auf dem »stern«. Noch heute gilt er als Motorsportexperte Nummer eins, und wenn man wissen will, wer Formel-1-Weltmeister wird, fragt man Eisen im »Schinderhannes«, Leonhardstraße.

Kotlett und seine Kapelle aber bestimmten früher das Tempo und den Rhythmus im Viertel. Bei besonderen Anlässen fidelte er »Ave Maria« im Liegen. Dann war Weihnachten in der Altstadt, Tränen verwischten die etwas zu dick aufgetragene Schminke.

Kotlett starb 1988 im Alter von 71 Jahren. Seine Zeit war längst vorbei. Zum Glück hat er noch erlebt, wie die Kickers im DFB-Pokalfinale von Berlin beinahe dem übermächtigen HSV ein Bein gestellt hätten. Der »Brunnenwirt« war an diesem Tag mit blau-weißen Fahnen und Transparenten geschmückt, genäht von Frauen aus dem Viertel. Sie pfiffen auf die Banane von Manni Kaltz.

Während ich diese Zeilen schreibe, stecken die Kickers wieder mal mitten im Kampf gegen den Abstieg, ein Problem, mit dem man sich in der Altstadt täglich herumschlagen muß, dummerweise im richtigen Leben. Die Sieger dieses Viertels sieht man eher selten. Man erkennt sie auch nicht mehr an ihren Stiefeln und Kettchen.

Das Elend aber hat sich ausgeweitet oder verlagert, die Nadeln zeigen auch hinüber ins Heusteigviertel, wo die Freier und Voyeure aus den Kreisstädten Streife fahren.

Die Altstadt, inzwischen Treffpunkt der Junkies, scheint sich mehr denn je selbst überlassen. Irgendeiner müßte kommen und dort einen gewaltigen Event anzetteln und sie noch einmal hochleben lassen. Nicht die Schöne, sondern das Biest.

Ein Fest
fürs Leben

Seit Donnerstag keine Lust mehr, irgendetwas zu schreiben. Sämtliche Kulis deshalb Shrimps & Schampus holen geschickt. Der Witz ist nicht neu, aber das Stuttgarter Sommerfest schließlich auch nicht.

Jetzt flanieren wir wieder, mitten in der Stadt, im Fegefeuer der Eitelkeit. Stuttgarts größte, schönste und teuerste Open-air-Party geht ins Finale. Vier Tage Sommerfest. Ein Fest fürs Leben.

Erster Versuch, die Lage zu erkunden, kläglich gescheitert. Expedition vom Eckensee zum Neuen Schloß abgebrochen: Mission impossible, ohne Buschmesser kein Durchkommen.

Auf der Treppe des Großen Hauses sitzen die Menschen so dicht zusammen wie sonst die Tauben im Park. Theater für alle: Die Komparsen inszenieren sich selbst.

Ich beneide die Schwäne auf dem See um ihre Einsamkeit; erhaben ziehen sie ihre Kreise, während das Fußvolk hektisch um jeden Zentimeter kämpft, als liefen ihre Lebensmittelkarten ab. Gamberoni al Forno und Pinot Grigio Astoria, übersetzen müssen Sie selber.

Der Gourmet stellt Fragen. Warum sind die Schlangen vor den Klo-Häuschen für Frauen viermal so lang wie die für Männer? Essen und trinken Frauen zuviel? Finden sie ihr Make-up nicht? Kostümwechsel? Sind Männer Quickies? Oder Busch-Männer?

Habe gehört, Stuttgarts Geschäftsleute und Gastronomen fordern neuerdings einen »Citymanager« zur Belebung der Stadt. In der Klo-Häuschenfrage könnte er ganz oben schwimmen und international Beachtung finden. Die Frauenschlange ist ein weltweites Ärgernis.

Beim Sommerfest fällt auf, daß die Menschen von Jahr zu Jahr nach außen hin schöner werden, obwohl die Frauen in dieser Saison Klumpschuhe tragen. Die schlimmste Erscheinung, seit Reinhold Messner die Fußspuren des Yetis gesehen hat.

Die Frauen tragen ansonsten nicht viel. Strohhüte. Der Rest, im Schatten der Strohhüte, ist Natur. Haut-Couture sozusagen. Versace ist tot.

Die Männer haben andere Probleme: Sind Weizenbier-Trinker beim Sommerfest Trottel oder Verirrte aus dem A-Block des VfB? Muß man die Zigarre aus dem Mund nehmen, bevor man eine Frau küßt? Warum eigentlich stecken plötzlich alle Zigarren zwischen ihre Dreitagebärte? Hat das symbolische Bedeutung? Ablenkungsmanöver?

Ein Sommerfest ist viel komplizierter, als man denkt.

Inzwischen hat es die Stadt wieder erlaubt, daß elektrische Gitarren mit richtigem Strom gespielt werden dürfen. Nachwehen der schwäbischen High-Tech-Bewegung.

Trotzdem folgen wir sehnsüchtig dem Schluchzen der Panflöte, über uns strahlt der Stern des Südens, spiegelt sich im Gold zwischen den Brusthaaren. Stuttgart leuchtet. International.

Plötzlich tauchen wie aus dem Erdboden neben uns Menschen auf, die wir seit Jahren in Bangkok wähnten. Irgendwo vibriert melancholisch die Stimme des Sängers Hanselmann. Er singt das Lied vom Ghetto.

So läßt sich's leben. Der Himmel sei uns gnädig.

9. August 1997

Kampf unterm
Kronleuchter

Timmy hat den besten Namen, den ein Boxer haben kann.

Boxer haben fast immer gute Namen. Sie heißen »Tiger« oder »King« oder, wenn sie bescheiden sind, »der Größte«. Ein Boxer ohne Künstlernamen ist ein Niemand. Manchmal hat sich der Körper eines Boxers so verselbständigt, daß man ihm eine Obstkur wünschen würde. Aber er heißt dann immer noch »The Hammer«.

Timmy heißt Punch. Timmy Punch. Man hat ihm diesen Namen gegeben, weil es zu schwierig wäre, seinen richtigen Namen auszusprechen.

Timmy Punch aus Stuttgart hatte am Samstag Pech. Er kämpfte eine gute erste Runde. Aber in der zweiten, als das Publikum ihn von Herzen anfeuerte, verlor er für einen Moment den Überblick. So sagte später Adi, sein Coach.

Timmy Punch wurde von einer rechten Geraden getroffen, vermutlich an der Halsschlagader. Timmy ging lautlos zu Boden. Er lag lange, ohne sich zu rühren. Die Männer aus seiner Ecke gerieten in Hektik. Der Arzt mußte kommen. Als sie Timmy Punch wieder auf den Beinen hatten, wußte er nicht, was passiert war. Obwohl er in Socken dastand und ohne Handschuhe, wunderte er sich, warum der Kampf nicht weiterging.

Als wir Timmy Punch, der in der zweiten Runde einen fürchterlichen K.o. erlebt hatte, bei einem stattlichen Büffet-Teller im Vip-Raum wiedersahen, war die Sache vergessen. Die Kapelle spielte. Natürlich wird man noch darüber reden. Was bleibt zu sagen? Daß Timmy 15 Minuten träumte.

Am Wochenende stand Boxen auf dem Programm. In der Alten

Reithalle des Hotels Maritim ist Boxen anders als anderswo. Die Kämpfer gehen unter zwei riesigen Kronleuchtern in den Ring. Manchmal schaut man nervös nach oben in der Angst, ein Kronleuchter könnte den Kampf beenden. Das ist natürlich Unsinn. Aber keiner hat das Gefühl, er säße in einer Sporthalle. Es ist wie Fußball auf dem Centre Court. Boxen an diesem Platz hat etwas Familiäres. Keiner hat die Chance, nicht gesehen zu werden. Keiner könnte hinterher behaupten, er hätte nicht am Ring gesessen.

Wer in der Alten Reithalle war, hat ein hundertprozentiges Alibi. Manche der Männer, die zum Boxen gehen, können vielleicht eines gebrauchen. Manche wiederum sind frei, manche sogar Freigänger. Boxen hat viele Nuancen.

Timmy Punch war nicht der einzige, der am Samstag Pech hatte. Ein Nummerngirl kam versehentlich im weißen Mini. Sie kannte die Regeln nicht und wurde ausgezählt. Boxen hat etwas mit Würde zu tun, und bevor zwei Männer um einen Titel kämpfen, von dem keiner weiß, was er bedeutet, erheben sich alle anderen, um den Nationalhymnen die Ehre zu erweisen.

Ein gutes Nummerngirl sieht aus, als hätte es nichts an, obwohl sein Kleid tiefschwarz ist und bis zum Boden reicht.

Wir werden wieder zum Boxen unter die Kronleuchter gehen, obwohl wir Angst hatten um Timmy, der zum Regenbogen ging.

25. August 1997

Auf dem Weg
nach Rußland

Lebensgefahr, lernen wir auf dem 20. Stuttgarter Weindorf, »kann schon bei täglich 1 bis 3 Gläschen Wein eintreten«. So steht's auf einem Flugblatt des Vereins »Rettungsring«.

Da aber das Weindorf schon in zwei Wochen vorbei ist, droht wenig Gefahr. Man muß die 10 bis 30 Gläschen pro Tag ja aufs ganze Jahr umrechnen.

Ungeachtet aller gut gemeinten Warnungen stellten sich zur Eröffnung des Jubiläums-Weindorfs jede Menge Politiker als Vorkoster zur Verfügung. Dem Vernehmen nach überlebten alle, auch unser Staatssekretär für Kunst, der in der ersten Reihe der Promi-Gala vor dem Alten Schloß eine gute Figur als Viertele-Portion abgab.

Beim Weindorf, dieser Herberge fanfarengeschwängerter Volkstümlichkeit, geht es ja weniger um ganze Flaschen, sondern immer um das Maß, bis es voll ist.

Es war nicht gerecht, daß es am Donnerstag, 24 Stunden nach der Eröffnung, als die Prominenz längst auf dem Trockenen saß, aus allen Rohren goß. Bisher gingen wir davon aus, daß zuviel Wasser ein reines Ost-Problem ist, solange wir reichlich Soli löhnen. Oder?

Wenigstens haben wir noch einmal unseren OB gesehen. Er stand im Schloßhof und trug Selbstgereimtes vor, ganz Schüler des Alt-OB, der auch da war und mehr Beifall erntete als alle anderen samt Gotthilf Fischer, dem näselnden Zwerchfell-Dompteur.

Der neue OB hebt am Sonntag ab. Das Weindorf meldet Land unter.

Fußball-Kaiser Franz Beckenbauer hat neulich den Bundespräsidenten begleitet, als der nach Asien reiste. Tennis-Königin Steffi Graf war dabei, als Herr Herzog in die USA aufbrach. Jetzt, teilt uns das Presseamt mit, nehme er wieder einen Gast mit:

Schuster!

Bernd Schuster? Den blonden Engel?

Falsch. Wolfgang Schuster, den Termin-Jogger aus dem Rathaus. Große Rußland-Tour! Gastauftritt bei Boris Jelzin!

Der OB wird, psst, außerdem Samara besuchen. Aber der Reihe nach.

Daß Herr Schuster als Tourbegleiter die Nachfolge von Herrn Beckenbauer und Frau Graf antritt, habe mit seinem »hohen Ansehen« im Bundespräsidialamt zu tun, meldet das Presseamt.

Bei einer kleinen Anfrage in Berlin teilte man uns mit, Herr Herzog könnte Herrn Schuster mal gesehen haben, weil er, Herzog, schon mal Baden-Württemberg besucht habe.

Begleitet wird die Gesellschaft auch von Herrn Jürgen Hoppe. Kennen Sie nicht? Herr Hoppe, bundespräsidial hoch angesehen, regiert die Stadt Prenzlau, die wir in der Nähe von Berlin vermuten, weil dort ein Berg auf diesen Namen hört.

Herr Hoppe wird in Rußland einen Bund fürs Leben mit Pochwistnewo schließen. Je länger wir uns mit der Tour beschäftigen, desto mehr gewinnt sie an Brisanz.

Wenn sich Städtepartner ehelichen, spricht man von Inaugurationsfeiern. So wird auch die Amtseinsetzung des US-Präsidenten genannt, womit über die Bedeutung unserer Mission kein Zweifel mehr herrschen dürfte.

Prost, Pochwistnewo!

Prost, Samara! So heißt Stuttgarts russische Partnerstadt.

29. August 1997

Die Insel
des Henkers

Er hat im Moment keinen Grund, der Henker, noch einmal an seinen alten Arbeitsplatz zurückzukehren. Als zuletzt Hand angelegt wurde an den Wilhelmsplatz, hatten viele befürchtet, man müsse wie einst das Schafott aufbauen, um den Städteplanern samt ihren Architekten einen Blick von oben zu gönnen, damit sie besser sehen könnten, was sie angerichtet haben.

Aber jetzt, morgens um zehn, vereinnahmt die Sonne so selbstverständlich den Platz, als wäre in Stuttgart pausenlos Sommer. Im Erdgeschoß des neuen Herold-Centers, diesem Glasmöbel mit seinem 50 Meter hohen Turm, öffnet gerade die Bar »Absolut«, und neben den Biertischen bauen die Marktleute ihre Stände auf. Es gibt Frisches.

Kaum sonstwo in der City genießt man so ungestört den Blick in die Weite des Raumes, und man könnte glauben, hier schlägt das Herz der Stadt. Wenigstens für die Hocker und die Flaneure.

Gegenüber, an der Ecke Wilhelm-/Leonhardstraße, wo die ersten Damen des Tages ihre Brötchen verspeisen, die sie auf der sündigen Schmalspur der Altstadt verdienen, rüstet Armagnan Gürak für sein großes Fest.

Armagnan, 38, ist Wirt der Straßenkneipe »La Concha«, und die feiert an diesem Wochenende ihr 20jähriges Bestehen mit Pauken und Gitarren.

Wer drinnen Platz nimmt auf einem der Handvoll Sitze der Bar, weiß später nie genau, ob das Gefühl, den Boden zu verlieren, von den Drinks herrührt oder einfach von den Stühlen, weil sie wackeln, als käme ein Erdbeben.

Das »Concha« am Wilhelmsplatz ist eine Insel des Überlebens, ein Mikrokosmos, wo die Exoten und die Gestrandeten, die Gewöhnlichen und die Geldsäcke ihre Getränke bestellen, ohne einen Finger zu rühren. Armagnan weiß aus Erfahrung, was sie brauchen, ein Bier oder einen Milchkaffee, und wenn er es vergißt, weiß es Tina, seine Frau.

Seit der Spanier Paco den Laden vor 20 Jahren eröffnet hat, trifft sich hier die Welt. Mal führten ihn Spanier, mal Griechen, mal Türken, vielleicht waren es auch mal Eskimos oder schwäbische Eingeborene. Keinen, der hier sitzt, hat das je interessiert.

Wer vor 20 Jahren reinstiefelte, kommt immer noch. Der Student, der seinen Brandy nahm, ist heute Werbechef. Der Werbechef, der sein Minerale trank, ist heute Penner. Eine Halbe für fünffuffzig wird für beide schon drin sein. Der Zettel am Tresen ist lang.

Es konnte vor Jahren winters passieren, daß einer, der unter der Heizsonde stand, später am Sonnenstich starb. Umgefallen aber ist keiner. Dafür ist der Laden zu eng.

Jetzt, wo das Hoch Ottmar das Open-air-Geschäft ankurbelt, sitzen sie draußen, und der Ventilator pennt.

Falls der Wirt mal verschläft, bauen die Gäste am Morgen die Stühle selber auf und holen ihren Kaffee beim benachbarten Bäcker. »La Concha« ist inzwischen so etwas wie ein Familienname. Ein paar Mal wurde der Laden vom Fortschritt und den Spekulanten bedroht. Aber immer, wenn einer ihn schließen will, bebt der Wilhelmsplatz. Dann hol' den Frevler der Henker.

27. September 1997

Wenn der Rebell erzählt

Oscar Heiler und anderer Humor

So genau weiß ich auch nicht, warum ich immer neugierig war auf Menschen, die zum einen viel älter waren als ich, zum anderen aber Dinge taten, die mich zunächst überhaupt nicht interessierten. Wie sollte sich schon einer, dem klar war, daß Jimi Hendrix in einem goldenen Gitarrenkoffer im Sternenmeer beigesetzt werden müßte, für einen schwäbischen Humoristen, einen »Volksschauspieler«, interessieren? Was ist ein Volksschauspieler? Ein Fußvolksschauspieler?

Bestenfalls hätte man sich zu einem Gespräch herabgelassen, in dem kategorisch festgestellt worden wäre, daß sich schwäbisch und komisch noch schlechter vertragen als Mann und Frau.

War Humor in den späten Sechzigern, als das Unglück mit der Denkerei anfing, vielleicht komisch? Humor war, wenn Clint Eastwood einem Stinkstiefel im Staubmantel die Zigarre aus dem Mundwinkel schoß. Da konnte man lachen, durfte es aber nur innerlich.

Allerdings gab es für die Faulen, die keine Lust und Zeit hatten, sich um die historische Dialektik zu kümmern, ein Problem. Mit Dirty Harry als einzigem kulturellen Ausbilder lief man Gefahr, Trinkverbot an den Stammtischen der Linken zu erhalten. Das war gefährlich, denn die Linken besaßen in den billigen Kneipen die Stammtisch-Hoheit.

Wo also konnte man sich schneller und bequemer eine Dosis Geschichte abholen als bei jenen, die sie überlebt hatten? Das ist schlauer, als Bücher zu lesen, denn Bücher kann man nichts fragen.

Natürlich haut diese Alibitheorie auch nicht ganz hin, denn schließlich hatte man wenigstens heimlich am Radio oder am Fernseher über die

Stuttgarter Humoristen-Spießer Häberle & Pfleiderer gelacht. Außerdem hatte man ihnen die Erkenntnis zu verdanken, daß es bis heute unmöglich ist, in sich zu gehen. Es wäre zu weit. Das war schon mal ein guter Ansatz.

Als ich zum erstenmal die Treppen zum Haus von Oscar Heiler hinaufstapfte, es war Anfang der achtziger Jahre, hätte ich fluchen können. Warum mußte ein Mann, der nur noch ein Bein hatte, sich für sein Haus ausgerechnet die Gablenberger Halbhöhenlage aussuchen? Der Aufstieg war schon für zwei Beine zuviel.

Oscar Heiler war Schwabe, geboren 1906 in Stuttgart. Man brachte ihm eine Flasche Schampus mit, wenn man ihn besuchte. Dann schnallte Oscar seine Prothese um und ging mit dem Schampus in den Keller. Zurück kam er mit einem Fläschle Trollinger.

Danach klagte er, daß ihm kein Mensch die Äpfel von den Bäumen ernte und außerdem mal wieder keiner käme, um ihn am Sonntag auf die Alb zu fahren. Daß er keinen bestellt hatte, tat nichts zur Sache.

Wenn die geschäftlichen Dinge geklärt waren, begann Oscar Heiler zu erzählen. In den nächsten drei, vier Stunden lernte man reichlich über das 20. Jahrhundert, und man lernte noch mehr über die Unberechenbarkeit der Schwaben, die man ja bundesweit für die größten Deppen nach den Sachsen hält. Das hängt damit zusammen, daß etwa die Berliner glauben, sie hätten den Mercedes erfunden, weil sie an ihrem versmogten Himmel hin und wieder den Großen Wagen sehen.

In erster Linie wurde Oscar Heiler bekannt als der Herr Häberle, unterwürfiger Partner des Herrn Pfleiderer, gespielt von Willy Reichert.

Die beiden inszenierten Meisterwerke im Aneinandervorbeischwätzen und analysierten Weltpolitik auf ihre Art: Molotow war eben der Mollenkopf, so wahr mir Dulles helfe.

Über Häberle & Pfleiderer ist viel gesagt und geschrieben worden; der Tübinger Kabarettist Uli Keuler, von Oscar Heiler stets hochgelobt, hat sogar eine Doktorarbeit über das Duo veröffentlicht.

Tatsache ist, daß Heiler im hohen Alter eine Haßliebe zu Häberle entwickelte. Einerseits wurmte es ihn, wenn ihn die Leute mit »Grüß Gott, Herr Häberle« auf der Straße begrüßten. Andererseits wußte er, daß Häberle Heiler berühmt gemacht hatte. Was tun?

Häberle war nun mal ein Spießer mit einer Stuttgarter Honoratioren-gosch, und Heiler wollte partout kein Spießer sein. »Ich war immer ein Rebell«, sagte Heiler.

Das stimmt so nicht, aber er hat gedacht wie ein Rebell. Als Zwölf-jähriger hängte er – beeinflußt von dem Arzt und Schriftsteller Friedrich Wolf, einem Freund der Familie – die rote Fahne der Revolution aus dem Fenster und zur Konfirmation wünschte er sich die Briefe Rosa Luxemburgs. Als alter Mann wetterte er über den Unsinn des Paragra-phen 218 und stritt öffentlich für das Recht des Menschen auf Freitod.

Ich habe in meinem Leben niemanden kennengelernt, der ein so inniges und klares Verhältnis zum Tod hatte wie Oscar Heiler. Er philo-sophierte über die schwäbische Depression und die Todessehnsucht ohne jedes Tabu.

Er sah sich selber bildhaft in einem Garten sitzen, einen Krug Most und ein Stück Käse vor sich, und dann hörte er den Kirchturm läuten und schaute hinüber auf den Friedhof.

Daß er als junger Schauspieler ein Bein verloren hatte – nach einem Bühnenunfall hatten die Ärzte ein unheilbares Sarkom entdeckt –, hielt er später für Gottes Gnade. Heiler mußte nicht zum Militär.

In seinen Solo-Conferencen hat er es immer irgendwie geschafft, den Tod, wie er sagte, »hereinblinzeln« zu lassen. Man hat ihn deshalb manch-mal den »Toten-Heiler« genannt, ohne zu merken, welche Zweideutigkeit sich dahinter verbarg.

Nein, hat er den Leuten geantwortet, wenn sie ihm sagten, bei ihm zu Hause müsse es doch lustig zugehen, bei ihm, einem Berufshumoristen, wo es wenigstens für die Ehefrau den Witz gratis gebe.

Er wollte nun mal kein »Späßlesmacher« sein, und schon gar nicht in den eigenen vier Wänden, wo er Monogamie im übrigen für baren Unsinn und widermenschlich hielt.

Trotzdem war der fromme, gottesfürchtige Kauz auch ein guter Bürger, der ungeschoren durch die Nazi-Zeit kam, ohne auf seine Vorstellungen auf der Bühne verzichten zu müssen. Die Nazis holten ihn als Stimmungsmacher für die verwundeten Soldaten in die Lazarette, einmal mußte er für die SS im KZ in Fürstenberg auftreten, und das hat er später eine »Schandtat« genannt.

Als Heiler 1995 starb, widmete ihm der Hamburger »Spiegel« einen kleinen Nachruf, und ich dachte, man könne den toten Heiler nicht einfach ruhen lassen, wenn sogar die Fischköpfe seinen Abgang registrierten.

Spaßeshalber veranstalteten wir ohne großes Geschrei einen Abend mit Fernsehsketchen von Häberle & Pfleiderer in der Kleinkunstbühne »Rosenau«. Der Journalist Hans-Dieter Reichert präsentierte die zwei Bruddler in Lebensgröße. Der Laden war schneller voll, als wir geahnt hatten. Man bat um Wiederholung. Staunend nahmen wir zur Kenntnis, daß sich hier, an einem Tatort der zeitgenössischen Comedy, nicht die Veteranen des schwäbischen Galgenhumors versammelten, sondern auch die Grünhörner, die glauben mußten, man hätte hier zwei Kultfiguren aus dem Grufti-Museum für hinterlistigen Nonsens ausgegraben. Blöderweise aber ehrt man heutzutage jeden Trottel als »kultig«, der zweimal hintereinander unfallfrei seinen Lachsack in die Kamera hält.

Wäre der Süddeutsche Rundfunk nicht frühzeitig weggepennt, hätte er ein paar Häberle-und-Pfleiderer-Nächte in Szene gesetzt, und danach hätten die Kids gewußt, warum es hammerhart ist, wenn man Gustävle heißt und den Beruf des Stallhasen ergriffen hat. Möchte auch wetten, daß sich die etwas klügeren Stuttgarter künftig nur noch per Sie angesprochen hätten, wäre ihnen mitgeteilt worden, daß sich die jahrzehntelangen Partner Heiler und Reichert niemals duzten, nicht mal im schlimmsten Krach oder am Wirtshaustisch.

So aber überläßt man die Tradition des deutschen Humors dem 27. Revival von Heinz Erhardt und den Dauer-Pfeiffern aus der Feuerzangenbowle.

Oscar Heiler aber tat es in der Seele gut, als er, der Humorist und Volks-schauspieler, von Claus Peymann in den siebziger Jahren für eine ernste Rolle auf die Bühne zurückgeholt wurde. Er spielte einen Bürgermeister, einen widerlichen Kerl.

Im zweiten Akt des Schauspiels »Glückskuh« kam er, einen Schäfer-hund an der Leine, auf die Bühne und hatte furchtbare Angst: Werden sie jetzt lachen, weil ich Oscar, der Späßlesmacher, bin?

Keiner hat gelacht, es war ihnen vergangen. Danach lachte Heiler vor Glück.

Als Oscar Heiler im Sterben lag, er war 88 Jahre alt, hatte er end-gültig genug vom Showgeschäft. Auf dem Totenbett sprach er, leicht mürrisch, den Umstehenden das Schlußwort: »Laßt mir meine Ruh'!«

Wir denken nicht daran.

Pizza aus
dem Saarland

Es müßte sich endgültig herumgesprochen haben, daß Stuttgart den schönsten Festplatz der Welt hat. In der Umgebung jener Menschen, die den Schloßplatz vereinnahmen, um ihre Handys zu knutschen, würde man sagen: megageile Location.

Fällt mir ein: Warum heißt eine deutsche Vereinigungsmütze (10 DM) – ein Produkt zum Tag der Deutschen Einheit – eigentlich »Cap«? Vereinigtes Deutsch? Schreibfehler? Kabb!

Zurück zum Schloßplatz. Schon am Freitag vormittag, als das Bürgerfest noch gar nicht richtig begonnen hatte, versammelten sich in der Innenstadt so viele Menschen, daß wir schon Angst hatten, die stünden wie seinerzeit um einen Hunderter Begrüßungsgeld an. Sie nickten aber gratis.

Die Parkanlagen des Schloßplatzes, die Kulisse des Neuen Schlosses sind so einladend, daß dort auch eine Riesenparty steigen würde, wenn der Zwickauer Unabhängigkeitstag angesagt wäre.

Gestern war Bürgerfest. Als Kohls Leibwächter an uns vorbeikeuchten, dachten wir schon, es wäre Würgerfest. Irrtum. Die sehen nur so pfeilschnell aus, weil sie viel mehr Schritte machen müssen als der Kanzler, um tempomäßig mitzuhalten.

Warum hat der große Vorsitzende Bodyguards, die kleiner sind als er? Im Streitfall müßten nicht die Wächter den Kanzler raushauen. Sondern umgekehrt. Friedrich der Große engagierte für seinen Schutz einst die »langen Kerls«. Aber die spielen heute lieber Basketball. Da wird weniger gefoult als in der Politik.

Das Bürgerfest war so etwas wie

die Messe der Nation. Die Produkte aller Länder auf einem Zeltplatz. Überall steckten wir die Nase rein. Wichtigste Erkenntnis: Wenn es hierzulande keine Italiener, Türken, Griechen etc. gäbe, dann müßten wir ein kulinarisches Notstandsgesetz erlassen.

Was servierte uns zum Beispiel das Zelt von Sachsen-Anhalt? Halberstädter Würstchen. Zahlen wir dafür Soli?

Bayern? Fleischkäs.

Hessen? Leberwurst.

Berlin? Schmalzstulle.

Niedersachsen? Harzer Schmorwurst.

Saarland? Pizza! Saarland-Pizza? Typisch. Das ist Oskar, unser Bürgerfest-Gast, das ist SPD, das sehen wir Pizza-politisch: alles drauf auf dem Teig, mal Rot und Grün, mal Rot und Schwarz und Käse und Wurst und Fisch, aber bloß kein Fleisch.

Warum wurde beim Bürgerfest eigentlich kein internationales Zelt aufgebaut? Die vielen, wunderbar offensiv präsentierten Sponsoren der Einheitsparty kochen doch auch eher weltweit. Mitten in dem Ein- und Hausgemachten hätte ein Global-Village-Palace mit Gästen aus aller Welt Michels Party prächtig belebt. Eine Art Uno-Park als Schmorwurst-Alternative.

Deutschland ist ja ohnehin ein alter Hut, europamäßig.

Wie war das damals bei der Wiedervereinigung? Haben wir den Ali Özbek aus Cottbus nicht mit eingemeindet? Ist der in der DDR geblieben?

Ach so, bin schon wieder kleinlich. Phantasie? Wie? Es war ein schönes deutsches Fest. Ich bin mir da vollkommen einig.

4. Oktober 1997

Ikarus im Feuerland

Nach Einbruch der Dunkelheit mit der Linie 15, der alten Strampe, von Feuerbach Richtung Hauptbahnhof gefahren. Vorbei am Nordbahnhof, wo das Leben sommers wie winters die gleichen Schatten wirft. Von der Straßenbahn aus kann man gut in die Kneipen entlang den Gleisen schauen. Die Wirtshäuser sind leer. Es scheint, als säße überall ein einzelner Mann an der Bar. Der erste Gast des Abends? Eher der letzte.

Vermutlich sind sie alle geflüchtet, hinunter in die Innenstadt, wo die Nacht später anfängt und später endet, oder aufs Volksfest, weil das Finale angepfiffen ist.

Die Saison der großen Feste geht zu Ende.

Oben im Stuttgarter Norden, wo der Grünen-Politiker Rezzo Schlauch gerade mit Pauken und Trompeten seinen 50. Geburtstag feierte, hat der CDU-Politiker Manfred Rommel, 68, Sätze eines Altersweisen hinterlassen. Früher, sagte er, sei seine Versuchung eine »üppige Dame« gewesen; jetzt habe er Verlangen nach einer »mit Butter beschmierten Laugenbrezel«.

Old Firehand, hätte Karl May gesagt, hat den Sommer seines Lebens überschritten. Aber der Treck, weiser Bruder, zieht weiter.

Draußen im Bad Berg, an einem schläfrigen Montag, sind schon mittags alle Kabinen belegt. Auf den Holzdielen am Beckenrand gieren sie nach der Sonne, als ginge sie bald für immer unter.

In den Straßenkneipen rücken sie nervös die Stühle, weil demnächst die Möbelpacker kommen und die Straßenfeger. Der Wirt muß bis dahin die Kohle im Speicher haben. Die Freiluft-Saison geht zu Ende.

Klingt traurig, wie Kitsch aus alten Tagen. Ist ja auch nur Schnee von gestern.

Die Spaß-Macher der Ereignis-Gesellschaft pfeifen längst auf den Kalender, auf die Widrigkeiten des Wetters, auf die Launen von Joe und Ottmar und Marga und Rita, all den Hochs und Tiefs, die höchstens Frösche interessieren. Es gibt nur eine Party-Saison, die wirklich zählt: Event-Manager sind Händler der vier Jahreszeiten.

Juckt es die Kids in ihren Techno-Parks, ob draußen, jenseits der Schallmauern, die Sonne scheint? Sie brauchen sie nicht. Ikarus fliegt lieber bei Nacht nach Feuerland.

In den Supermärkten und Tankstellen liegen bereits die Lebkuchen zwischen den Piemontkirschen aus. Und Santa Claus bürstet seinen Bart für die nächsten Partys.

Event, Event, ein Lichtlein brennt.

Demnächst treffen wir uns auf dem Weihnachtsmarkt, dem Volksfest der Yetis. Statt Eiswürfeln einen Tauchsieder im Glas. Dann glüht der Wein, es stinkt nach Zimt und Nelke.

Überhaupt ist es Zeit, sich irgendwo einen Platz für Silvester zu sichern, am besten auch gleich für 99. Sonst beginnt die Saison 2000 ohne Sie. Was wollen Sie dann Ihren Kindern erzählen? Daß Sie ein Jahrtausend verschlafen haben?

Warum komme ich an einem sonnigen Tag auf trübe Gedanken? Am Samstag, am Morgen nach dem Bürgerfest, meldete mein Kühlschrank für immer »tilt«. Die Milch roch streng. Die Saison war irgendwie zu Ende.

8. Oktober 1997

Kinder des
Karussells

Weit unter Tage, wo auch erfahrene Wirtsleute öfter mal vom Kellerkoller heimgesucht werden, weil zu wenig Licht in ihre Kasse scheint, rattert die Zeitmaschine. Die Bässe wummern zwar so Techno-geladen wie überall. Aber das hölzerne Ambiente des Schuppens erinnert an Zeiten, als in den Discos die Scheiben von Dave Dee & Co auf den Plattentellern rotierten. Plattenspieler nennt man heute, Trend-Hunter-mäßig, Turntables. Wertet die Plattenleger namens DJs auf.

Unsere Disco sieht aus wie damals, als die Tanzschuppen »Tenne« hießen und übers freie Feld mit einer Kreidler-Florett angefahren wurden. Richtigerweise trägt unser aktueller Laden an der Ecke Marien-/Sophienstraße den Namen »Klim Bim«.

Eine große, eine wichtige Nacht. Im Keller tanzt die Schausteller-Jugend, der Nachwuchs vom Cannstatter Wasen samt Kolleginnen und Kollegen aus der ganzen Republik.

Oben an der Kasse sitzt Christian, der weiß, was er der Branche schuldig ist. Vor drei Monaten ist der Nachwuchs-Chef selbst Vater geworden. Sein Kind wurde dieser Tage im Bierzelt mit Wasser getauft.

Sabrina, 17, ist unter dem Begleitschutz von Papa Peter, 45, aus München angereist. Die Wies'n ist zu Ende. Seit fünf Generationen ist die Familie im Gewerbe, irgendwann hat einer angefangen als Waffelbäcker. Zwischendurch war's auch mal ein Riesenrad, das die Brötchen verdiente, heute sind's Pferde auf der Reitbahn. Der Arbeitstag hat 16 Stunden, Urlaub ist aus Kostengründen selten und nur im Winter drin.

Wie es wohl weitergehen werde in ihrem Leben, frage ich Sabrina. Sie hoffe, antwortet sie, den richtigen Mann zu finden. Keinen Fremden, einen Reisenden. Die Karawane muß weiterziehen.

In dieser Nacht leuchten die Ampeln grün, der Jahrmarkt der Heiratskandidaten hat Konjunktur. Vielleicht sitzt irgendwo einer hinter seinem Bacardi-Cola-Glas und träumt von einem Riesenrad voller Babys. Kann er haben.

Vorurteilsfrei wie immer suche ich nach Schlangenlederstiefeln und Ganzkörper-Tattoos, den vermeintlichen Markenzeichen des Schiffschaukelbremsers, aber die Boys und Girls aus den Wohnwagen-Burgen sind so cool und schick und sonstwas wie der Rest auf dieser Disco-Welt. Mir scheint nur, hier, wo jeder weiß, worum es wirklich geht, damit es weitergeht, wird mehr und ungezwungener geredet als anderswo. Die Familie tagt, der Kongreß tanzt. Sie sind Verschworene. So schnell werden sie sich nicht wiedersehen, weil sie immer in Bewegung sind.

Kinder des Karussells.

Unterdessen planen Stuttgarts Marketing-Manager den Rummel der Zukunft. Weil sie nach wie vor zu wenig Besucher auf dem Wasen vermutet, will die Marktgesellschaft VMS jetzt jenseits der Landesgrenzen Maß nehmen. In Straßburg, Zürich, Basel oder Mailand soll eine Volksfest-Vorhut für den Wasen trommeln.

Was soll das werden? La festa del popolo di Stoccarda? Laßt gefälligst die Italiener in Ruhe! Die stehen nicht auf Göckele.

Die haben ihre Singvögel.

10. Oktober 1997

Susi bläst
das Saxophon

Nachts, wenn in der Stadt die Bässe aus den Boxen wummern, wenn die Scheinwerfer die Tanzflächen überfluten, wenn die Kids und Unterirdischen in den Trockeneis-Wolken dem nächsten Jahrtausend entgegenfliegen, dann haben die alten Männer ihre Arbeit getan. Ihre Show ist zu Ende, wenn die anderen in den Morgen schwirren. Sie kommen aus einer anderen Zeit, Zeugen des Jahrhunderts.

Wir verlassen abends um elf das Renitenztheater, dieses Relikt sozialdemokratischer Kellerkultur, fahren Richtung Berliner Platz. Oben im Stuttgarter Flughafen läuft gerade der Countdown für den Senkrechtstart in den Himmel der House-Musik. Unten in der City warten sie auf die Rundfahrt der Überschall-Busse, die sie in die Discos karren.

Zu diesem Zeitpunkt steht der Entertainer Robert Kreis, 49, vor dem Spiegel im Renitenztheater und schminkt sich ab. In der Bude unter Tage riecht es nach Pomade, nach Schellack und Gamaschen. Vatermörder, sei uns gnädig.

Ein paar Blocks weiter, im Friedrichsbau-Varieté, hängt der Jongleur und Komiker Dieter Tasso, 63, seinen Zylinder an den Haken, poliert seinen flächendeckenden Scheitel und packt die Kaffeeuntertassen weg. Die können fliegen. Ufos aus den Tagen Gagarins.

Auf der Bühne hinterläßt der Künstler eine Prise Sternenstaub, herübergeweht aus Las Vegas. Ja, und heute morgen, als er aufwachte, stand Herr Tasso wieder mal aufrecht neben dem Bett. Er hatte vergessen sich hinzulegen. Die Nostalgiker sind in der Stadt, die Witzbolde der Vergangenheit, die letzten Dandys in schwarzweiß.

»Die Susi bläst das Saxophon, die Susi bläst, sie kann das schon . . .«

Robert Kreis, der Holländer, singt sie wieder und wieder, die schröcklichen Lieder. Sein Menjoubärtchen zuckt dazu, als hätte er Flöhe unterm Schwalbenschwanz. Man nennt das Fracksausen.

Warum sagt er dauernd, die alten Lieder, die Geschichten aus den zwanziger, den dreißiger Jahren, als der Humor tiefschwarz und astrein schmutzig war, sie klängen, als kämen sie aus dem Hier und Jetzt? Weil sie nicht nur von den Salons der Boheme, den Palästen der Pfauen, erzählen, sondern auch von den Hinterhöfen der Arbeitslosen und den Kaschemmen der Hoffnungslosen. Und immer ging er weiter, der Tango auf der Hühnerleiter.

»Adalbert, was hast du in der Tüte? Hoffentlich was von besonderer Güte . . .«

Es klimpern die Wimpern, der Kerl beginnt zu steppen, und im Renitenz, nicht größer als ein Schuhschachtelkino, prustet das Publikum. Es hat einen Abend blau gemacht, den Fernseher ignoriert und sich wie Bolle amüsiert.

Dann, nach einer Handvoll Zugaben, ist die Show zu Ende, bevor sie anderswo beginnt.

Draußen rotiert der Kreisverkehr der Kneipenszene, die Türsteher formieren sich zum jüngsten Gericht, heben und senken den Daumen: Willkommen im Paradies der Nacht.

Und irgendeiner, ey Adalbert, hat was in der Tüte. Von besonderer Güte.

21. Oktober 1997

Ein Zug durch die Gemeinde

Ohne richtigen Bahnhof wäre Stuttgart heute ein Kuhdorf, weil sich die Einwohner der Stadt nicht fortgepflanzt hätten. Früher, als die Züge noch zwischen dem Hotel Marquardt und dem Friedrichsbau ein- und ausfuhren, trafen sich dort, so berichtete einst das Schwäbische Tagblatt, »Pärchen allen Alters und beinahe aller Schichten« unter der großen Uhr. Das war Liebe auf den ersten Tick.

Gestern wieder durch den Hauptbahnhof gestrolcht, obwohl die Läden in der Stadt noch gar nicht geschlossen hatten.

Seltsam. Warum hängt nirgendwo ein Transparent oder wenigstens ein Lebkuchenherz? Schwellenangst?

Morgen, am Donnerstag, wird der Hauptbahnhof 75 Jahre alt, und man könnte zum Geburtstagsständchen wenigstens ein Triller-pfeifen-Orchester mit 75 Schaffnern erwarten. Sieht aber nicht danach aus. Der Bahnhof ist ein Auslaufmodell. Die Weichen stehen auf »Stuttgart 21«.

So schlichen wir frustriert zur Bahnhofs-Mission, wo man immer freundlich empfangen wird, auch wenn man keinen Geburtstag hat. Kaum Platz genommen, erscheint ein Girl aus der Punk-Abteilung, das bei jeder Piercing-Weltmeisterschaft problemlos die Silbermedaille gewinnen würde, und bestellt das Gratismenü – gestern gab's belegte Brötchen und blaue Weintrauben.

Wissen Sie übrigens, wer die Mission mit Essen versorgt? Zum Beispiel Geschäftsleute, deren Büfett zum 75-Jahr-Jubiläum ihrer Firma zu üppig ausgefallen ist. 240 Gäste landen täglich in der

Sozialstation, weil sie ein Problem haben, zum Beispiel Hunger. Meist gehen sie gestärkt wieder raus.

»Stuttgart, du Perle des Südens / Stuttgart, du Ort des Friedens«, hat einer ins Gästebuch geschrieben. Die Bahnpolizei wird's nicht glauben.

Vor 75 Jahren, am 23. Oktober, um 4.10 Uhr, verließ als erste Bahn der Personenzug 561 nach Aalen die neue Halle, entworfen von Paul Bonatz und dessen Freund F. E. Scholer. »Nabel Schwabens« hieß das Projekt.

Heute ist der Bahnhof ein urbaner Bauch mit so vielen Innereien, daß man manchmal glatt vergißt, wo man ist. Vielleicht will man verreisen. Aber dann kauft man auf dem Bahnhof nur ein Buch und erfährt trotzdem die Welt.

Wo es heute Bücher gibt, stand früher der »Sternensaal«. Aber irgendwann war die Zeit der Wartesäle vorbei, weil die Zeit vorbei war, da man Zeit zum Warten hatte. Zuvor hatte sich bereits der »Hubertussaal« ins Intercity-Restaurant verwandelt. Das ist auch schon zwölf Jahre her.

Und wer erinnert sich noch an die »Bali Bar«, jene schillernde Bahn-Station, wo der Geist und die weißen Mäuse gleichsam aus der Flasche kamen?

In der Unterführung von der Königstraße zum Bahnhof gab es sogar mal einen »Kunstmarkt«. Aber dann gesellten sich verbotenerweise die Strumpf- und die Teppichverkäufer hinzu. Aus, Schluß. Heute sind die Händler des Kommerzes im Tempel hochwillkommen.

Die Tage des Hauptbahnhofs sind gezählt. Morgen, wenn er 75 wird, sollte man wenigstens den Zug durch die Gemeinde nicht versäumen.

22. Oktober 1997

Jonny, Star der Stars

Die kleine Bar im Hauptbahnhof

Er war Stuttgarts berühmtester Barmann nach dem Zweiten Weltkrieg. Er hat die Zeit erlebt, als die internationalen Film- und Showstars nach Stuttgart kamen, Errol Flynn und Ella Fitzgerald, Gary Cooper und Kirk Douglas.

Jonny, der Barmann, ist tot, aber seine Geschichten leben weiter – an den Wänden der kleinen Bar des Intercity-Hotels im Stuttgarter Hauptbahnhof. Sie existiert noch heute, Jonnys Hall of Fame. Wer sie betritt, wird sich wundern über die gut erhaltenen Spuren der Vergangenheit. Im Dezember 1986 hat uns Jonny, er wohnte längst im Rheinland, zum letzten Mal in Stuttgart besucht.

Diese Geschichte handelt von einer Zeit, als die Zeitungsreporter noch zum Bahnhof eilten, weil sie zwischen zwei Zügen auf Menschen stießen, von denen sie wußten: Die kommen an. Auf Gleis soundso und beim Leser sowieso.

Mein Mann kommt am späten Nachmittag an. Ein Freitag im Dezember. Die Autofahrer geben ihr bestes. Die Weinsteige herunter kämpft mein Taxifahrer erfolglos gegen die Amateure zwischen Hängen und Abwürgen.

Es weihnachtet.

So käme man zu keiner Geschichte zwischen zwei Zügen, denn der zweite wäre vermutlich schon raus.

Mein Mann aber kann warten. Er ist 76 Jahre alt und hat noch ein bißchen Zeit.

Die Bar ist sehr sauber und sehr klein. Man könnte sie für eine Garderobe halten. Aber wenn man das Jackett ausziehen wollte, müßte man das Fenster öffnen; es gibt keins. Also sind wir in einer Bar.

Hauptbahnhof Stuttgart. Intercity-Hotel. Das Mädchen hinter der Theke der kleinen Bar weiß nicht genau, wie es gucken soll: neugierig oder ganz cool. In der Ecke sitzt der Mann, dem keiner im Hotel das Wasser reichen kann. Geschweige denn einen Whiskey sour.

Mein Mann ist, keine Frage, ein Herr. Einer, der es zu etwas gebracht, sich einen Namen gemacht hat, der für allererste Güte bürgt. Da stimmt alles: Herkunft, Jahrgang, Mischung.

In der Bar läuft leise »Yesterday«, in der Asphaltversion von Frank Sinatra, und es ist an der Zeit, den Mann in der Ecke zu bitten:

Mach's noch einmal, Jonny.

»Zwei Teile Curacao weiß. Zwei Teile Gin. Zwei Teile Zitronensaft. Sechs Teile Sekt.«

So hat es Jonny hunderttausendmal gemacht. Jonny war der Mann an der Bar.

Niemand in Stuttgart hat so vielen berühmten Menschen vom Feinsten gereicht wie Jonny. Keinem hier haben so viele Weltstars reinen Wein eingeschenkt wie Jonny. Und immer Zug um Zug.

Wenn Wände Ohren hätten. Sie haben keine und können dennoch eine Menge erzählen, von Jonny, dem Mann an der Bar.

31. Dezember 1949. Die Trümmer des Krieges sind noch nicht beseitigt, als der Gastronom Hans Loeble im Stuttgarter Reichsbahn-Hotel zur Silvesterparty lädt. Zu Gast ist unter anderem die berühmte Schauspielerin Camilla Horn. Punkt zwölf erhebt sie ihr Glas, nimmt einen Schluck und kritzelt mit einem Buntstift »Prost Neujahr!« an die Wand. Darunter setzt sie ihren Namenszug.

So begann anno 1950, Sekunden nach Mitternacht, Jonnys Wirtschafts-Wunder.

Jahre später zieren Hunderte von Autogrammen die Bar im Reichsbahn-Hotel, die der Mixer Jonny just in jener Nacht übernommen hatte.

Jonny, der herausgefunden hat, wie man die störende Haarpomade der Herrschaften problemlos von den Wänden wischt, hat diese Unterschriften gesammelt und erhalten. Zeugen einer ruhm- und rumreichen Zeit.

Die Namen von Zarah Leander und Louis Armstrong, von Gary Cooper und Peter Kreuder. Sie sind heute noch zu lesen. Doch bis dahin ist es eine lange Geschichte. »Schreiben Sie«, fordert mich Jonny auf, »dies ist die Geschichte vom kleinen zum großen Bahnhof.«

Der kleine Bahnhof stand in Kalkar, jenem unscheinbaren Dorf an der deutsch-niederländischen Grenze, das in den Jahren der Anti-Atomkraft-Bewegung noch für Schlagzeilen sorgen sollte. Dort kam 1910 Fritz Wirths zu Welt. Die Familie Wirths führte die Bahnhofswirtschaft, und Fritz mußte früh lernen, wie man ein Faß aufmacht. »Mit zehn habe ich Bier gezapft, da war ich mächtig stolz.«

Der kleine Fritz hat erlebt, wie die Mutter zum Bahnsteig eilte, um dem Kaiser ein Glas Wasser ins Abteil zu reichen. »Die Mutter hatte furchtbare Angst, daß sie es verschüttet.« Sie tat es nicht. Das war die erste Station einer herrschaftlichen Karriere.

Fritz lernte Koch, ging ins Hotelfach, wurde Barkeeper. Er arbeitete in Düsseldorf, Bordeaux und Paris. Die Mix-Tour eines Shakers.

»Fritz«, hat ihm eines Tages ein Düsseldorfer Fabrikant gesagt, »Fritz, das ist kein Name für einen Barmann.« Von nun an hieß der Fritze Jonny.

Er hat es schnell geschafft, hoch hinaus zu kommen, so hoch, daß ihm die »New York Times« eine Story gewidmet hat.

1936 startet in Friedrichshafen am Bodensee das Luftschiff »Hindenburg« zu einem viertägigen Rundflug über Deutschland. An Bord befinden sich Journalisten aus aller Welt – und Jonny, the barman.

»Das müssen Sie sich mal vorstellen«, sagt Jonny, »vier Tage ohne Unterbrechung in der Luft. Es gab Kabinen mit Fließendwasser und zwei Duschen.« Jonny sorgte sich um die Drinks und der Kapitän um die Musik: »Wir hatten einen Flügel dabei.«

»Jonny, the flying barman«, schrieben die amerikanischen Reporter. »Ein Luftschiff fliegt nicht«, sagt Jonny, »es fährt.«

Wenig später, am 6. Mai 1937, fährt die »Hindenburg« auf dem Weg nach New York in den Tod.

Stuttgart, die dreißiger Jahre. Der Gastronom Emil Neidhardt, genannt »Schneuzle«, hatte das Cabaret Excelsior und das Friedrichsbautheater eröffnet, und »Schneuzle« kannte die erste Regel der Nacht: An der Bar darf keine Flasche stehen. Also stellte er Jonny ein. Der berühme Humorist und Schauspieler Willy Reichert war zeitweise sein Chef, »ein feiner Mann«.

Jonny beherrschte die Tricks für die Drinks, er konnte den Menschen zuhören, und er hatte ein Motto: »Immer keep smiling, egal was passiert.« Das war sein Rezept gegen den Schüttelfrust.

Jonny hat im »Dritten Reich« für Hitler und Göring die Becher poliert, und auf den Göring ist er heut' noch sauer: »Er kannte den Unterschied nicht zwischen Sekt- und Champagnergläsern und hat mich gezwungen, in den falschen zu servieren.«

Den Krieg überlebt Jonny als Mixer in Offiziercasinos. Danach beginnt seine große Zeit im großen Bahnhof.

Stuttgart, die kleine Bar. Hier plaudern wir, zwischen zwei Zügen. Sinatra singt »Strangers in the night«. An den Wänden stehen die Namen von Buster Keaton und Charlie Rivel, von Hans Moser und Jesse Owens, von Max Schmeling und Wilhelm Furtwängler.

Damals gab es noch große Gala-Abende und echte Filmpremieren in Stuttgart.

Die fünfziger Jahre, die frühen Sechziger: die Stunden der Stars, und eine Polizeistunde kannte keiner. »Es ging bis vier oder fünf Uhr in der Früh«, sagt Jonny. »Ein Barmann hatte keine Freizeit.«

Erst recht nicht, wenn Errol Flynn, der Pirat aus Hollywood, im Hotel aufkreuzt. »Er kam um halb drei aus dem ›Balzac‹«, erzählt Jonny. Im Nachtclub Balzac gab es damals zwar reichlich »Frolleins« und noch mehr Schampus – aber nichts zu essen. »Er ist zu mir gekommen und hatte fürchterlich Hunger«, erzählt Jonny. »Die Küche war schon zu. Da hab' ich ihm eben mein Nachtbrot geschenkt.« Mr. Flynn, übrigens von einem neuen Daimler-Modell nach Stuttgart gelockt, verschlang das Vesper und hob seinen silbernen Cognac-Schwenker zum Ritterschlag: »Jonny, you are my friend.«

Das haben viele gesagt. Zum Beispiel die Ehefrauen jener Generaldirektoren, die Jonny nachts nicht ans Steuer ihrer Nobelkarossen ließ, und die jungen, liebeshungrigen Fabrikantensöhne, denen Jonny Diskretion versprach.

»Thank you«, hat Ella Fitzgerald gesagt, die von Jonny himself die Treppen hochgetragen wurde, wenn sie nach dem großen Durst etwas müde war. »Danke«, hat Paul Dahlke gesagt, weil er in Jonnys Bar seine spätere Ehefrau kennengelernt hatte.

Jonny kannte 300 Rezepte, Cocktails zu mixen, und noch mehr, mit den Menschen umzugehen.

An der Bar saßen die Einsamen und die Glücklichen, die Traurigen und die Ausgelassenen. Jonny hat ihre Geschichten nie vergessen. Er könnte noch viele erzählen.

Aber der Zug kommt. Jonny W. geht.

Der mit dem
Elch tanzt

Guten Tag, liebe Leserinnen und Leser, melde mich hiermit untertänigst zurück. Rechtzeitig ausgeliefert worden. Wo ich gesteckt habe? Urlaub, booaahh-ey, Ballermann 6! Beim letzten Eimer überraschend gekippt, anschließend weiße Elche gesehen.

Glauben Sie nicht? Vor ein paar Tagen trafen wir auf dem Stuttgarter Hauptbahnhof, der im Moment noch keine Bullaugen hat, einen Elch. Er stand, ganz in Weiß und aus Styropor, majestätisch auf dem Dach der neuen Service-Station der Bahn AG. Dort kündete er vom nahenden Winter, von der bevorstehenden Weihnachtszeit und vom Nikolaus, der immer Schlitten, wenn auch nicht unbedingt A-Klasse fährt.

Anderntags wollten wir den Elch erneut besuchen, um ein paar Dinge aus der jüngsten Vergangenheit persönlich zu klären. Er war verschwunden. Genaues war nicht rauszukriegen, so daß wir beschlossen, ihn zu suchen.

Es ist nicht so, daß wir als Elchjäger gänzlich unerfahren wären. Vor zirka 18 Jahren zum Beispiel haben wir im Kino einen Film des deutschen Regisseurs Hark Bohm gesehen: »Im Herzen des Hurrican«, die Geschichte eines Elchs, der sich verirrt hat und eines Tages wie ein Alien in Deutschlands Norden auftaucht. Ein paar Kids und ein Fotograf nehmen die Verfolgung auf, und man erfährt etwas über den Mythos vom Einzelgänger, über das Verführerische des Fremden.

Die Jagd nach dem weißen Elch aus dem Hauptbahnhof war übrigens vergeblich, obwohl zunächst erfolgversprechend. Bereits in der Kriegsbergstraße, unweit des Bahnhofs, standen wir plötzlich vor einem riesigen Plakat mit folgender Aufschrift: »Der Elch ist weg – neuer Platzhirsch gesucht«.

Schon witterten wir eine Spur, mußten aber die Flinte ins Korn werfen, weil man uns werbetechnisch ein Geweih aufgesetzt hatte: Die Ikea-Schweden sind umgezogen; der Elch sucht lediglich einen unmöblierten Nachmieter. So schnell kippt eine Story.

Jedenfalls wurde der Elchtest mit einem dumpfen Schlag weltberühmt und bis heute schon viel öfter zitiert als etwa der Idiotentest, obwohl der etliche Jahrzehnte auf dem Buckel hat und von weit mehr Menschen gefürchtet wird.

Es vergeht kein Tag, da nicht irgendeiner sichtbar wichtig mit den Hufen scharrt: Jeder spielt »Der mit dem Elch tanzt«. Der Zusammenhang ist längst egal, vollkommen Wildwurscht.

Was zum Beispiel können Sie mit folgendem Satz anfangen: »Fassbinders Versuch einer Selbstanalyse kippt beim Schlingensiefschen Elchtest endgültig in den Wahnwitz«? Die Zeilen stammen aus einem Aufsatz des Wochenblatts »Die Zeit« über die deutschen Trash-Filme »Ballermann 6« (von Tom Gerhardt) und »Die 120 Tage von Bottrop« (von Christoph Schlingensief).

Wie sträflich mißachten wir täglich und vorsätzlich röhrend die Lehre des großen Satiremeisters Robert Gernhardt: »Die schärfsten Kritiker der Elche«, hat er einst gereimt, »waren früher selber welche.«

Fällt mir was ein. Trafen wir neulich zwei schwedische Testfahrer, die gerade Feierabend machten. »Olaf«, sagte der eine zum anderen, »laß uns noch einen kippen.«

19. November 1997

Gefahr
im Anzug

Kann man für unsere Polizei eine Lanze brechen? Schwer zu sagen, weil wir nicht genau wissen, welche Sollbruchstelle eine Lanze hat.

Bei der Polizei ist in diesen Tagen ein Problem aufgetaucht, das im Moment nicht nur Schneider beschäftigt. Es geht um die korrekte Kleidung der Ordnungshüter, ums Outfit. Darüber mag mancher lächeln. Er verkennt den Ernst der Lage. In New York zum Beispiel verbot der Bürgermeister eines Tages die schwarzen Lederjacken der Cops. Nicht etwa, weil sie zu teuer waren. Psychologen hatten herausgefunden, daß die verwegen-düstere Kluft, übrigens eine Erfindung unseres ehrenwerten Barons von Richthofen, Aggressionen schürt. Schickt es sich für einen Schutzmann, fragte der amerikanische Schultes, rumzurennen wie Marlon Brando in »The wild one«?

Als gute Demokraten haben wir gelernt, daß es sich, dies zum besseren Verständnis, bei deutschen Soldaten nicht um Krieger handelt, sondern um »Bürger in Uniform«.

Wäre der Polizist aber lediglich Bürger in Uniform, erfuhren wir dieser Tage aus Anzeigen der Polizei, wäre er ein schlechter Polizist.

»Verdeckte Ermittler in Uniform?« fragten die Gesetzeshüter. »Mafia-Bekämpfung in Uniform?«

Undenkbar. Als erfahrene Krimi-Konsumenten wissen wir zwar, daß ein solide ausgebildeter Verbrecher seine »Schmier« keineswegs am Kittel erkennt. Sondern am Geruch. Aber Schimanski im Look der grünen Trachtenkapelle ist auch schwer vorstellbar.

Unsere zivile Polizei – Fahnder, Undercover-Agenten, der Alte etc. – hat sich jedenfalls zu Recht beschwert, daß sie, wenn es mit dem

Abbau ihrer Spesen so weitergehe, nicht länger in Zivil Dienst schieben könne. Private Klamotten, die den Polizisten als Normalbürger kostümieren und somit gegen falschen Zugriff tarnen, kämen inzwischen zu teuer. Wir wissen, daß dies hundertprozentig stimmt. Wie anders hätte es passieren können, daß in den USA zuletzt elf Fabriken der exportfreudigen Firma Levi Strauss & Co schließen mußten? Alt-Hippies allein können die Nietenhosen nicht mehr auftragen.

Wir fragen den Innenminister: Will er, daß sich unsere Polizisten demnächst gegenseitig verhaften, weil die Hälfte in Pennerklamotten steckt? Will er, daß plötzlich so viele Uniformen auftauchen, daß wir vor lauter Grünen den Wald nicht mehr sehen?

Brauchen Polizisten etwa keine Kleider?

Polizisten sind Wachtmeister! Keine Bademeister!

Ganz nebenbei: Wie sollen wir künftig nach überzogener Sperrstunde unseren Privat-Fahnder erkennen, wenn er statt Levi's und Nike Unterwanderschuhe und Uniform trägt? Vielleicht an der Mütze?

Es ist im übrigen eine dreiste Lüge, daß Polizisten mittlerweile Schwerverdächtige deshalb so schnell aus den Klamotten schälen, weil sie scharf auf deren Zwirn sind. Sie machen das, weil Gefahr im Anzug ist. Oder so ähnlich.

Aus, Schluß. Erst unlängst mußten wir erfahren, daß es künftig sogar zu teuer kommt, polizeikompatible Deutsche Schäferhunde zu züchten. Vater Staat macht uns zum Dackel.

27. November 1997

Stuttgart
in Flammen

Das sieht gefährlich aus. Hunderte, ach was, tausende vermummte Bürger samt Kind und Kegel belagern das Alte Schloß. Bedrohlich nähern sie sich den Absperrgittern. Noch hält das Bollwerk.

Was läuft hier für ein Film? Haben sich die Beamten aus dem Neuen Schloß in den Verliesen des Nachbarbaus verschanzt? Errichten sie bereits die Barrikaden? Droht das letzte Gefecht? Spukt Deyhles Schloßgeist?

Irgendwie, unter reichlich Beschimpfung der aufgebrachten Bevölkerung, bahnen wir uns den Weg zur Wendeltreppe. Rauf auf die sichere Balustrade des Alten Schlosses, wo man die Welt, die schlecht ist, von oben herab betrachten kann.

Unten leuchtet Stuttgart. Die ganze Stadt unter Feuer, ein erhebender Anblick, der von keinem Hochhaus getrübt wird. Wo sonst könnte man sehen, wie den Menschen ein Licht aufgeht? Es riecht nach Holzkohle, womöglich kocht die Volksseele.

Dummerweise geht jeder Traum zu Ende. Gebrannte Mandeln statt verbrannter Erde. Statt der Flammen der Freiheit lodern in den Hütten ums Schloß die Obst-Brände. Es weihnachtet, meine Damen und Herren. Der Markt ist eröffnet.

Was für eine Kirbe. Und wo ist der Schultes?

Im Schloßhof singen die Chorknaben »Stille Nacht«, obwohl es dafür unseres Erachtens noch ein bißchen früh ist, und ich überlege mir schon mal, was an einem guten Stand wohl ein Paar guter Wollsocken kosten könnte. Aber dafür ist es zu spät. Man kann es sich an allen sechs Zehen abzählen.

Man wünscht sich, im Interesse

der Triefnasen und unschuldigen Kinder, zur nächsten Weihnacht einen Regisseur, der die Schnitte schneller setzt.

Überhaupt: Wo ist der Schultes? Kniet er, o du Seliger, unter den Chorknaben?

Unser Mann, der sonst jeden Heiratsmarkt eröffnet, vom Weindorf bis zum Volksfest, warum eröffnet der nicht auch den Weihnachtsmarkt?

Wie? Was sagen Sie da, Herr Nachbar? Heute übernimmt das ein anderer Weihnachtsmann?

Der Weihnachtsmarkt hat den Vorteil, daß man selten einen Fuß vor den anderen setzen muß. Man stellt sich einfach hin. Dann wird geschoben wie nicht gescheit, was mit der Ehrbarkeit der Händler im übrigen nichts zu tun hat.

Es gibt unglaublich viele Dinge zu kaufen. Engel und Duftöl, Gurkenhobel und Angorasocken. Wer nicht aufpaßt, ist in kurzer Zeit so viel Geld los wie sonst höchstens auf dem Markt der roten Funzeln. Auf dem Weihnachtsmarkt aber sind die Christkinder anständig, auch wenn im Laufe des Abends die Stimmen schriller und die Worte deftiger werden: »Hoim jetzt, Alte!«

Der Obst-Brand hat sich ausgebreitet, und die Backen der frisch geröteten Damen am Hühnergrill glühen wie der Wein. Zur Beruhigung spielt irgendwo der Leierkastenmann. Manchmal vibriert sanft die Luft, und man weiß nicht, wer schuld hat, die Panflöte des Studenten an der Ecke oder das Duftöl der Buabaspitzle.

Am Ende leuchten sie uns heim, Stuttgarts teure Engelein.

29. November 1997

Tanz durch die Illusionen

Die wahre Schönheit einer Stadt, habe ich gehört, erkenne man erst, wenn sie schläft. Wenn das Dunkel die Architektur zutage fördert. Es gibt natürlich Städte, die niemals schlafen.

Stuttgart. Stuttgart?

Am Dienstag abend, bevor der große Schnee kam, schlichen wir über den Weihnachtsmarkt. Es regnete wie nicht geschneit, und die Stadt ging vorsichtshalber schlafen, obwohl die Lichter brannten.

Auf dem Weihnachtsmarkt sind Neonlichter übrigens verpönt. Man überläßt die großen Neon-Bestände heute lieber Deyhles Musicalland in Möhringen.

Die wenigen Menschen auf dem Markt standen dicht gedrängt und schweigsam an den Glühweinständen. Wenigstens geht das Heizmaterial nicht aus. Höchstens die Kohle.

Ich flüchtete in ein Restaurant; es war Zeit fürs Abendessen und ein paar Gedanken. Der zweite Teil funktionierte nicht sofort, weil am Nebentisch fünfmal pro Minute ein Handy klingelte. Die Bemerkung zum freundlich grüßenden Chef, daß man eher ungern in einer Telefonzelle speise, ging unter, weil das Telefon des Chefs klingelte.

Ärgerlich, daß man in solchen Momenten ans Büro denkt, ans Pupsen der Computer, ans Tremolo der Telefone. Dann schweifen die Gedanken hinüber zum Rathaus, und der Bissen bleibt uns im Halse stecken: Mit wem spricht dort gerade der Chef an seinem neuen Telefon? Mit der Zukunft?

Neues Telefon? Alles neu! Ein modernes Büro haben sie ihm eingerichtet, 100 000 Mark teuer, verkabelt mit dem Fortschritt dieser Welt. Sehen Sie ihn thronen am runderneuerten Arbeitsplatz? Dynamisch geschwungene Schreibtischplatte, italo-mäßig gestylt, drunter die metallenen Füße (der Platte), als wären Bauhaus-Künstler aus der Gruft gestiegen.

In die Gruft des Archivs gewandert aber ist der alte Sekretär, geschnitzt aus gutem Holz, an dem die Ahnen saßen: erst Arnulf Klett, dann Manfred Rommel. Zu niedrig sei er gewesen, der Tisch, das Kreuz habe geschmerzt, schädlich für den aufrechten Gang.

Nun spricht der Chef aus der Höhenlage, besseren Blicks auf die Engel des Weihnachtsmarkts. Was wird er sonst noch vor Augen haben? Himmlische Visionen. Tiefergelegte Bahngleise am Hauptbahnhof, die neue Stadt in der Stadt.

Vielleicht träumt er, da sein Kreuz wieder in Ordnung ist, wie der oppositionelle Chef Rainer Kußmaul (SPD) von Kringeln, Kreiseln und dreifachen Rittbergern auf dem Glatteis der neuen Zeit.

Der Genosse Kußmaul hat vermutlich »Gorky Park«, Michael Apteds 14 Jahre alten Kriminalfilm, im Kino gesehen: Die Menschen tanzen durch die verschneiten Parks von Moskau, federleicht und liebeshungrig, während Schurken und Helden um russische Zobelfelle schießen.

Kufen-Bahnen, sagt der Genosse, könne man später auch einmal rund um die Bullaugen des Parks von »Stuttgart 21« bauen.

Die ersten Schneeflocken sind gefallen; der Tanz durch die Illusionen hat begonnen.

»Gorky Park« wurde übrigens nicht in Moskau gedreht. Sondern in Helsinki.

4. Dezember 1997

Privater Reformstau

Neulich traf ich einen Bekannten, der über Zahnweh klagte. Ich sagte, ich könnte ihm einen guten Zahnarzt nennen; aber da kam der Mann gerade her. So blieb nur die Schulmedizin. Wir gingen in eine Bar. Im Laufe des Gesprächs gestand der Mann, in Wirklichkeit renne er nicht vor seinem Zahnweh davon. Vielmehr sei er auf der Suche nach der Wahrheit. Ich sagte, die könnten wir momentan nicht finden. Die Wahrheit stecke im »Reformstau«, dem Wort des Jahres.

Dummerweise erinnerten wir uns, daß das Jahr zu Ende geht. Wir sprachen nun über unsere privaten Reformen, die wir vor zwölf Monaten beschlossen hatten. Es ging um die Disziplinreform, die Nichtbeleidigungsreform, die Ernährungsmittelreform und die Frauenreform. Nach gründlichen Analysen einigten wir uns, daß sich zu einer gewissen Glücklosigkeit etwas Pech gesellt hatte. Wir stecken im privaten Reformstau, zumal sich der Stau an sich ohnehin als die größte Lebensgemeinschaft unserer Zeit entpuppt.

Dies wissend, bestellten wir noch einen Becher Schulmedizin, weil zwei Männer ein Zahnweh besser therapieren können, und gingen die Sache etwas globaler an.

Glücklicherweise leben wir in Stuttgart, in einer Stadt, wo Reformen erst gar nicht mehr auf der Tagesordnung stehen. Wir flickschustern nicht, wir planen das Neue, das große Ganze.

Zwar hat unser OB gerade zugegeben, er sei »zu forsch« gewesen. Andererseits aber ist er, geht es um den Fortschritt, kein Frosch (dieser Kalauer ist im Sprachreformstau hängengeblieben).

Wir können uns jedenfalls nicht erinnern, daß Stuttgart in der Vergangenheit jemals so radikal aus den Angeln gehoben werden sollte wie in diesem Jahr.

Wir könnten etwa mit dem einst geplanten Literaturhaus beginnen, von dem ich bis heute nicht weiß, was es hätte werden sollen. Wir erinnern uns an die Bürgerrevolte vor den Türen öffentlicher Toiletten: Bleiben diese Notausgänge menschlicher Bedürftigkeit erhalten? Werden sie womöglich reformiert? Wie, pardon, läuft das in Zukunft? Kommt der tödliche Unterleibsstau? Und was wird aus den Hundeklos? Spülen wir, liebe Leserinnen und Leser, nicht viel zu hoch?

Zur Klärung schicken wir demnächst ein Pipi-Fax ins Rathaus.

Da wir jetzt aber auf unserem Traumschiff namens »Stuttgart 21« in die Zukunft schweben, zwischen neuer Galerie und Bibliothek des 21. Jahrhunderts keine Zeit mehr haben, uns mit Reformen zu beschäftigen, verloren der Mann mit dem Zahnweh und ich, der jetzt Bauchweh hatte, das Thema Reformstau aus den Augen. Plötzlich entdeckten wir, ängstlich um uns blickend, den Realisierungsstau. Müssen wir nächstes Jahr um diese Zeit das Thema wechseln? Oder wird bereits gebuddelt?

Es wird. Der Umbau des Kickers-Stadions auf der Waldau wurde pünktlich mit einer Niederlage gefeiert.

Kurz bevor wir die Runde des Wehklagens harmonisch auflösten, endete die Suche nach der Wahrheit doch noch erfolgreich. Der Mann, den ich in der Stadt getroffen hatte, litt nicht an Zahnweh. Er mußte am nächsten Morgen aufs Standesamt. Als Bräutigam.

20. Dezember 1997

Blumen
und Raketen

Es ist ein Irrtum zu glauben, die Stadt sei leer am Heiligen Abend. Die Weihnachtsbäume, elektronische Zeitzeugen, sind längst nicht so anziehend, wie man glaubt. Am Abend, wenn man denkt, jetzt sängen oder, im Falle eines technischen K.o., jetzt sägten sie, sind die Unterführungen so gut gefüllt wie an einem Feiertag.

Ach so, es ist Feiertag.

Am Rotebühlplatz zwinkern sich die Reisenden, die gar keine Reisenden sind, mit geübten Augen zu. In ihren Tüten haben sie Weihnachtsgeschenke, die keiner geschenkt bekommt. Fliegende Händler, die das Mittel zum Fliegen in der Tasche haben.

Für einen Moment überlege ich, was wohl die Herren der »Mir« in ihrer Kapsel treiben. Vermutlich reparieren sie gerade die Kerzen ihres Weihnachtsbaums. Ich fahre am Ostendplatz vorbei. Ausgerechnet vor einem Videoladen stehen die Menschen Schlange. Wahrscheinlich haben sie ihre Weihnachtslieder vergessen und schauen jetzt lieber »Ballermann 6«.

Unterwegs lese ich ein Büchlein von Werner Finck, der ja nicht nur ein alter, sondern auch ein großer Narr war. Anfang der fünfziger Jahre hat er in der Tübinger Straße das Kabarett »Mausefalle« geleitet. Heute fliegen dort keine Gedanken, sondern Hüllen, aber das ist ja auch ein Gedanke.

Der Heilige Abend ist heute eigentlich die Generalprobe für Silvester; man prüft, ob Küche und Kühlschrank funktionieren. »Nehmet die Gläser in die Hand, es ist gleich so weit, wie wir es gebracht haben«, hat Werner Finck mal zum Jahresende geschrieben. »Zur Sache, meine Lieben: Wir haben wieder ein Jahr zurückgelegt. Für manche wird es das einzige sein, was sie sich zurückgelegt haben.«

Man sollte sich öfter zurücklegen und nachdenken, worüber man eigentlich nachdenkt. Aber wer kann sich so unanständige Gedanken leisten.

Die Linie 4 fährt hinaus zum Theaterhaus, wo sie am Heiligen Abend »Die Blume von Hawaii« geben. Das paßt gut zur Jahreszeit, weshalb die meisten ihren Schal an der Garderobe vergessen. Als die Show nach Mitternacht zu Ende ist, denke ich, daß es insgesamt einfacher geworden ist zu jubeln. Die leichte Muse hat einen gewaltigen Siegeszug angetreten. Die Witze sind nicht besser, aber zahlreicher geworden, was mit einer gewissen Verzweiflung zusammenhängen muß.

Anderntags fährt der Zug hinaus in die etwas kleinere Stadt, die so schön geschmückt ist wie die etwas größere. Lustig an der kleineren Stadt ist, daß sie noch existiert, obwohl sie ein paar Jahre lang vom OB der etwas größeren Stadt regiert

worden ist. Vielleicht ist der Weihnachtsschmuck auch deshalb so üppig ausgefallen, weil diese Regierung zu Ende ist. Aber dies ist eine Mutmaßung, denn Weihnachten findet bis heute auch in Stuttgart und mit Schuster statt.

Zugfahren ist eine der interessantesten Tätigkeiten überhaupt. Draußen fliegen Kulissen vorbei, allesamt Wandzeitungen mit bedeutenden Botschaften: »Baby, ich libe Dich.« Für das »e« in der Liebe war keine Zeit, weil Liebende rastlos sind. Sie blühen wie die Blume von Hawaii, duften allerdings nicht immer so gut.

Der Zug fährt in die Dunkelheit. Es riecht nach Weihnacht und Raketen.

27. Dezember 1997

Wir bitten
um Galgenfrist

Das Dumme ist: Wir können das Jahr wenden, wie wir wollen. Vorbei geht es doch. Gibt es denn keine Chance, einfach im alten Jahr weiterzuwurschteln? Wär' doch Wurscht. Oder kann uns irgend einer versprechen, daß das neue besser wird? Vorsorglich haben wir alle Kalender samt ihren Sprüchen, die uns zur Jahreswende stammkundenfreundlich untergejubelt wurden, auf dem Scheiterhaufen der Geschichte verbrannt. Als der Rauch aufstieg, zeichnete sich am Himmel ein Luftschloß ab. Es sah aus wie das Neue Schloß; der Finanzminister winkte aus dem Fenster und drehte uns eine Nase. Das war die Jahreswendenase.

Wie viele Wenden hat man uns in der Vergangenheit versprochen? Erst die geistige, dann die politische. Übriggeblieben ist der Solidaritätszuschlag.

Es ist hierzulande gang und gäbe zuzuschlagen. Im nächsten Jahr trifft's wieder die Fahrgäste in Bussen und Bahnen. Womöglich auch das Bier und die Wurscht in der Werkskantine.

Trotzdem werden wir heute abend Silvester feiern, daß es kracht. Wir laden Sie hiermit ein zum Döner for one, anschließend kippen wir beim Kelchtest einen Unklaren in den Wendehals, und dann gießen wir nach mit Blei. Wichtig ist in diesem Fall das richtige Kaliber, damit der Schuß nach hinten losgeht. Wir harren aus im alten Jahr, soll das neue zuprosten, wem es will. Auf 1997! »Stuttgart 21« soll warten.

Mal ehrlich: Wir bleiben doch sowieso beim Alten. Beim Schultes, beim Ministerpräsidenten, beim Kanzler. Nur Derrick geht. Zur Inspektion.

Seit Tagen rufen irgendwelche Bekannte an und fragen, was man denn tun könne an Silvester. Nichts kann man tun gegen Silvester, nichts. Es herrscht allgemeiner Lach- und Schießbefehl.

Bin dieser Tage durch Gablenberg gefahren. Die Gablenberger haben seit jeher eine besondere Gabe, ihren Stadtteil zu jedem Anlaß stilgerecht zu schmücken. Jetzt, zwischen Weihnachten und Jahresende, hängen die Straße entlang rot gekleidete Nikoläuse. Sie tummeln sich im Geäst der Baumkronen, sie turnen an den Laternen und feiern eine Party. Vielleicht steigen sie am Silvesterabend herab und tanzen in den Straßen, damit die Menschen glauben, nicht Silvester, sondern Weihnachten stehe vor der Tür. Das könnte Aufschub bedeuten, Galgenfrist. Hängt die Weihnachtsmänner nicht!

Allerdings ist uns jetzt angst und bang um die Gablenberger Nikoläuse. Wer schützt sie vor den Kanonen und Raketen? Tragen sie schußfeste Westen? Werden sie rechtzeitig in Sicherheit gebracht?

Wie werden Weihnachtsmannbaumhäuser evakuiert?

Wir feuern an Silvester die Zeit an, davonzurennen. Statt sie anzuhalten. Haben wir vielleicht zu viel Zeit?

Vermutlich. Sonst würden wir ja nicht auf so dumme Gedanken kommen. Schließen wir also Frieden mit Silvester, setzen wir unsere Bowle an und fischen mit dem Löffelchen im Trüben, bevor wir es abgeben.

Die Party steigt, meine Damen und Herren. Eilen wir um Mitternacht hinauf auf die Hügel Stuttgarts, feiern wir die Wende hoch überm Tal.

Und anschließend einen guten Rutsch: Runter kommen wir immer.

31. Dezember 1997

Kurs auf Böblingen

Vielleicht haben Sie den Film »Titanic« bereits gesehen. Weiß nicht, ob ich mir das antun soll. Ich habe Angst, daß ich in tiefe Depressionen verfalle, daß mich fürchterliche Alpträume plagen, wenn künftig die Bordkapelle auf der »Berta Epple« zu spielen beginnt.

Es würde mich nicht wundern, wenn Lagerfeld demnächst Schwimmwesten auf den Markt brächte. In Discos und auf anderen apokalyptischen Lustdampfern würden diese Dinger groß ankommen. Es gibt Männer, die haben schon ein Dutzend Schwimmwesten zu Hause. Jedesmal, bevor sie aus dem Flugzeug steigen, klauen sie eine unterm Sitz. In der Badewanne spielen sie dann mit ihrer Frau »Titanic«, sorgsam darauf achtend, daß sie als erster im Rettungsboot sitzen; im Film dagegen überlebt die Frau.

Die Schwaben haben seit jeher einen seelisch bedingten Hang zum Schiffsuntergang; die große Hamburger »Titanic«-Ausstellung zum Beispiel hat keineswegs ein salzwassererfahrener Fischkopf konzipiert, sondern der Stuttgarter Architekt Manfred Schulz.

Ginge es nach mir, würde ich diesen Mann mit der Konzeption des neuen VfB-Stadions betrauen. Was die Roten vom Wasen gerade veranstalten, das gibt's auf keinem Dampfer.

Die Drohung des schwarzen Präsidenten MV, mit seinem Klub nach Böblingen umzuziehen, ist die schärfste Idee, seit sich Stuttgart um die Olympischen Spiele beworben hat. Man stelle sich vor, wie etwa der FC Barcelona zum Europapokal antreten soll, die Mannschaft der Spanier allerdings erst drei Tage nach Anpfiff eintrifft, weil der Pilot Böblingen im hinteren Usbekistan vermutet hat.

Namensmäßig könnte sich der Stuttgarter Bundesligist an den Böblinger Autonummern orientieren. Er heißt in Zukunft VfBB. Mayer-Vorfelders Visitenkarte müßte nur unwesentlich geändert werden: MV, z. Zt. BB. Klingt irgendwie weltligamäßig.

Besonderen Stil hat das übrigens nicht, den Stuttgarter Schultes ausgerechnet mit Böblingen zu erpressen, jetzt da er sich mühsam von der Ostalb zurück in die Stadt gekämpft hat. Warum nicht mit Oeffingen oder Schopfloch? Klingt Böblingen vielleicht weniger doof?

Gut, man wird mir heute wieder den Vorwurf der Fremdenfeindlichkeit machen, was nicht richtig wäre. Jeder Böblinger geht problemlos als Außerirdischer durch, hat also keine Handikaps wie etwa der Österreicher, von denen mich schon mal einer verklagen wollte. Dabei dürfen in Stuttgart Österreicher sogar im Fußballtor stehen, bevor sie einen fangen.

Der Trend zum modernen Fuß-

ballstadion hat etwas Erregendes: Man muß sich ausmalen, wie die Vips von Böblingen Hummer kauend in den VfB-Lounges liegen und sich von Thaimädchen die Füße kraulen lassen. Währenddessen sitzt die Böblinger Jugend Popcorn schlemmend in der Fankurve und hört per Walkman »Pur«, Bietigheim.

Mit dem Triumphzug der Roten nach Böblingen würde sich erstmals Wolle Kriwaneks VfB-Hymne inhaltlich bewahrheiten: »Stuttgart kommt!«

Mit etwas Glück hätten alle etwas davon. Samstags etwa gäbe es Platz und Ruhe in Stuttgarts Bars. Böblingen johlt beim VfB.

10. Januar 1998

Taxi ans
Tote Meer

Zur Zeit drückt mich ein Problem, das nicht nur vor geschlossenen öffentlichen Toiletten auftaucht. Es geht um Dienstleistung. Trotz vielen Nachfragen will mir nicht einleuchten, was die »Dienstleistung«, neben dem »Standort« das meiststrapazierte Modewort (siehe »Stuttgart 21«), für die Zukunft bedeutet, was sie bringen soll. Die Praxis ist eher enttäuschend.

Neulich saßen wir in einem preisgekrönten Café/Restaurant im Stuttgarter Westen. Auf die verwegene Frage nach einem Rührei mit Tomatensalat versprach die Bedienung, sich in der Küche zu erkundigen, ob Tomaten vorhanden seien. Angesichts der Schwierigkeit im Umgang mit exotischem Gemüse reduzierte mein Gegenüber seinen Wunsch auf ein handelsübliches Käsebrot. Das Rührei mit Tomate wurde nach einer halben Stunde prompt geliefert; im allgemeinen Trubel – im Lokal saßen zwei Gäste – ging das Käsebrot allerdings unter. Abschließend verrechnete sich die Kellnerin um acht Mark zu unseren Ungunsten, was in der Hektik der Dienstleistungsgesellschaft passieren kann.

Zwei Wochen später besuchten wir dasselbe Lokal. Es offerierte Spaghetti, und wir beschlossen, dies sei ein guter Tag für Spaghetti, weil die Sonne tomatensoßenrot am Himmel hing. Unser Wunsch wurde erhört, was den Appetit beflügelte. Nach einer dreiviertel Stunde kam die Kellnerin zurück, um mitzuteilen, daß der Koch spontan festgestellt habe, die Spaghetti seien alle. Um den Koch nicht alle zu machen, verließen wir das Dienstleistungslokal und gingen ins Kino.

Da ein drei Stunden langer Film

bevorstand, der sich viel mit Wasser beschäftigt, hielten wir es für angebracht, eine Flasche Mineralwasser zu besorgen, zumal sich ein heftiger Überlebenskampf anbahnte. Der Getränkeautomat war allerdings so leer wie die Speisekammer unseres Spaghettikochs, weshalb wir versuchten, an die Theke vorzudringen. Davor aber waren die Menschenschlangen so lang, daß wir den Anfang des Films verpaßt hätten, zumal eines der Thekenmädchen telefonierte, während das andere in einen Nebenraum verschwand. Es wurde dann aber doch noch eine lustige, durstige Seefahrt.

Anderntags wollte ich mit einem Dienstleistungstaxi vom Killesberg zum Hölderlinplatz, als der Fahrer gestand, er sei Anfänger. Dies sei nicht schlimm, sagte ich, es gehe ohnehin nur bergab. Als ich merkte, daß mich der Taxler eher zum Hamburger Hafen als zum Hölderlinplatz bringen würde, wies ich ihn auf die falsche Himmelsrichtung hin.

Da aber alle Orientierungsversuche fehlschlugen und Heilbronn näher rückte als der Hölderlinplatz, gab ich auf und ging zu Fuß.

Unterwegs sah ich eine Apotheke und beschloß, den Tag in der heimischen Badewanne zu beenden. Mein Wunsch nach einem besonders beruhigenden Badesalz – aus dem Toten Meer – wurde mit einem freundlichen »Sofort« beantwortet. Die Apothekerin verschwand hinterm Regal, um nach zwei Minuten zu sagen, das tote Meersalz sei mehr als tot. Ausverkauft.

Ich beschloß, nie mehr zu baden.

Es ist Zeit, gegen die Dienstleistungsgesellschaft anzustinken, daß es sich gewaschen hat.

17. Januar 1998

Heubach, New York
Unterwegs mit der »Kleinen Tierschau«

Ich saß bei »Willi«, einer Kneipe in Kreuzberg, es war morgens 14 Uhr, als ein Kleinbus vorbeifuhr, der aussah, als hätte er ein Jahrzehnt Verspätung. Die Kiste war bemalt und bekritzelt, bunt wie die Berliner Mauer. Die achtziger Jahre waren zwar schon eine Weile im Gange, aber ein paar versprengte Hippies schienen noch Farbe zu bekennen. In Berliner Clubs und Galerien wurde gerade wieder ein Revival der sechziger Jahre gefeiert.

Der Bus enpuppte sich bei näherem Hinsehen als die Tournee-Schleuder einer Truppe namens »Die kleine Tierschau«, von der man gerüchteweise auch in Stuttgart gehört, aber sie nicht ernst genommen hatte. Ihre Bühne war die Königstraße, die für Künstler nicht unbedingt als erste Adresse galt.

An diesem Tag in Kreuzberg aber fuhr der Bus Richtung Kudamm, der jedem halbwegs sensiblen Künstler Furcht einflößte. Die alternativen Kreise mieden damals den Boulevard des Westens. Er galt als eine Mischung aus Pommes-, Nepp- und Touri-Piste; wer sich dort freiwillig blicken ließ, wurde in der Szene mit Verachtung bestraft.

Ein Schwabe namens Albrecht Metzger, der es als linker Kabarettist und linkischer Moderator des legendären »Rockpalast« der ARD zu einer gewissen Berühmtheit gebracht hatte, schickte die »Tierschau« ins Fegefeuer des Berliner Comedy-Booms. Metzger hatte immer eine Vorliebe fürs Zündeln. In den Neunzigern erfand er, General der kabarettistischen »Schwabenoffensive«, den »Bomber Schorsch« und ging damit auf Tour.

Abends spielte die »Tierschau« in einem Kudamm-Kino namens »Hollywood«, und ich war schon ziemlich verwundert, auf was für Ideen man in meiner früheren Heimat kommen konnte. Sie waren ja mal meine Nachbarn gewesen, ohne daß ich es wußte. Die elementaren Regeln des internationalen Showbusiness hatten die drei Komiker mit dem Hang zum Chaos in den Musikkapellen von Heubach und Heuchlingen gelernt. Dort bläst man lustvoller als anderswo. Brassed off Ostalb.

Jetzt aber stülpten die Kerle ihrem Publikum in den ersten Reihen elektronisch geladene Bauhelme über den Kopf und trommelten die Rhythmen der Karibik. Die Nachricht verbreitete sich schneller, als man glauben wollte, und der Süden lebte, als ihn noch kein Werbe-Fritze den wilden nannte.

Mehr als zehn Jahre später, als die »Tierschau« mit ihren kuriosen dreistimmigen Gesängen nicht mehr die Nischen der Königstraße, sondern große Zelte und Säle füllte, saß ich im Stuttgarter Theaterhaus, dessen Existenz vorzugsweise einem Remstal-Schwaben namens Werner Schretzmeier, aber auch einem Stuttgarter Hegelianer namens Manfred Rommel zu verdanken war.

Der Mann an der Kasse, nicht zu Unrecht nach einem ehemaligen österreichischen VfB-Star Buffy genannt, lächelte über die Kartenbestellungen von Singles mittlerweile mit der Erhabenheit eines Hollywood-Studiobosses. Die Tickets gingen in Zehner-, wenn nicht gleich in Hunderterblöcken über den Tisch, und die Busse, die vor dem Theaterhaus parkten, mußten neben der Kreuzberger Karre von einst wirken wie die S-Klasse aus dem benachbarten Untertürkheim.

Die »Tierschau« nannte ihre Show dorfverliebt »Landfunk und Scheunentrash« und köderte damit die Kawasaki-Clubs aus den nahen Hügeln ebenso wie die Kids der Disco-Ebene. Kamen die Herren mit den amerikanischen Motorrädern zu Besuch, standen stets gut gekühlte Drinks unter den reservierten Sitzen. Man legt Wert auf Stil.

Dabei stank die Show zum Himmel: Ungeniert genoß der gesamte Laden, Künstler wie Fans, den wohligen Stallgeruch eines ziemlich ausgelassenen Mist-Haufens. Man hatte schubkarrenweise Kuhscheiße ins Haus gefahren.

Zum besseren Verständnis seiner Duftnote trällerte das Trio mit Engelsstimmen und hinterfotzigem Witz Pophits der gefönten Kollegen aus der Glamour-Ecke. Motto: Abba jetzt! Der ganze Saal, monatelang überfüllt, schwelgte im Wir-Gefühl. Wenn die Ostalb-Bande gut und gerne zwei Dutzend Instrumente am Abend auspackte, hatte man den Eindruck, sie hole lediglich Rechen und Spaten aus dem Schuppen. In Wirklichkeit beanspruchte allein ihre Kostümabteilung mehr Platz als die Schrankwand einer bäuerlichen Großfamilie.

Daß die Herren Michael Gaedt, Ernst Mantel und Michael Schulig, die nicht unbedingt eine akademische Karriere angepeilt hatten, weit länger zusammenhielten als jede andere Beziehungskiste, mag man für einen Dauerakt wunderbarer Unkompliziertheit halten. Das Gegenteil ist der Fall. Es geht um einen ziemlich harten Dreier.

Eines Tages saßen wir zusammen in New York, das heißt, ich saß meist in der gut gekühlten Full Moon Bar in Times-Square-Nähe, um mir von amerikanischen Lebenskünstlern das korrekte Idiom für die Frage nach dem Klo erklären zu lassen, während die »Tierschau« in den Tanzstudios am Broadway merkwürdige Schritte übte. Einmal setzte ich mich hinter eine Glasscheibe und schaute zu, wie die Herren in einer Gruppe mit Hausfrauen und Kids gegen 20 Dollar pro Mann den Anweisungen des Ballettlehrers folgten. Ich war froh, kein Artist zu sein.

Tough guys never dance.

Beeindruckt hat mich allerdings die Gründlichkeit, mit der hier gearbeitet wird: Der Zufall darf schon mal mitspielen auf der Bühne, aber besser ist es, man trickst ihn aus, bevor er zuschlägt. So fährt man eben wegen einer Turnübung nach New York – ein kleiner Hip-Hop-Schritt für die Menschheit, aber ein großer für die »Kleine Tierschau«.

In diesem Ensemble verdichtet sich schwäbische Querköpfigkeit zu explosivem Stoff. Gingen wir abends in die Clubs von Manhattan, mußte man wenigstens zum Abschluß die zu spät gekommenen Punks und Depressionshelden mit ihren nackten Oberkörpern in der Bowery ertragen. Das gehörte dazu.

Weshalb schleppen die drei Musik-Clowns, die zu ihren Hochzeiten gemischten Braten auftischten, immer wieder neue Höllenmaschinen auf die Bühne? Tüftlerblut kann man nun mal nicht abtanzen. Deshalb steppen die feinsinnigen Berserker auch zum eher lieblichen Sound einer getunten Dampfwalze. Gleichzeitig basteln sie an Textzeilen, die in ihrer Präzision verblüffen: Kleider machen Schneider. Geht entgegen aller sprachlichen Gesetze auch umgekehrt.

Keiner kann den andauernden Erfolg der »Tierschau« erklären. Professionelle Unzulänglichkeit, gespielt oder auch nicht, steckt an. Das Volk mag Menschen, die im Schweiße ihres Angesichts danebengreifen – es sei denn, es wäre ein Fußballtorwart. Das Ganze ist ein Mitmachspiel ausgefuchster Animateure, die auch nicht immer wissen, warum der Laden tobt: Horst tappert eben im dunkeln, womöglich bis er schwarz wird.

Bei einem späteren Trip mit Michael Gaedt durch New York, den wir zu Hause als Bildungsurlaub legalisiert hatten, trafen wir auf der Straße einen schwarzen Herrn im Maßanzug, der uns um Feuer bat. Gaedt fingerte nach seinem Zippo und zündete unserem Mann mit großer, theatralischer Geste die Zigarette an. Solche Auftritte schreien nach Begleittext.

»Sir«, sprach Gaedt mit wichtiger Miene, »we are brothers.«

Der Gentleman musterte den langen Kerl und dessen Klamotten – Gaedt hatte kurz zuvor eine Cadillac-Tür auf einem Schrottplatz der Bronx für einen Transfer nach Deutschland ausgebaut – und antwortete in einem Ton, der keine Fragen offen ließ: »Sie irren, Sir. Sie sind weiß. Ich bin schwarz.«

»Sure«, antwortete Gaedt. »Aber beide sind wir Raucher.«

Das war der Beginn einer deutsch-amerikanischen Freundschaft.

Der König von
St. Leonhard

Geben Sie zu: Sie waren beim Sechstagerennen, nackte Menschen grapschen. Mit den Augen. Ich habe das Gefühl, es ist dauernd Sechstagerennen, querfeldein. Jetzt rasen alle hinauf zur CMT. Rasen? Automobile sind erregend. Um sie zu sehen, stehen alle erregt im Stau und träumen vom Fahren. Das ist der Sinn des Autofahrens.

Man kommt auf mobile Gedanken, wenn man durch die Stadt fährt.

Was habe ich gesagt? Stadt?

Wir werden Stadtmuffel. Alles verzieht sich. Ist die CMT vielleicht in der Stadt? Womöglich ist sie demnächst auf den Fildern; dann kommen die Touristen zu den Krauts. Statt in die Stadt.

Ist das Sechstagerennen etwa in der Stadt? Cann*stadt*?

Ach, da waren Sie nicht? Richtig, Sie waren bei Deyhle, big world, SI-Centrum, Maxx und St. Moritz, die Schöne und der Kies. Wie? Ist auch nicht in der Stadt? Nö. Möhringen City.

Manchmal denke ich, wir nähern uns der Lebensweise der *mole people* von New York. Dort hausen in den Kanalsystemen die Maulwurfmenschen, die von der Stadt die Schnauze voll haben.

Wir tauchen auch ab, vor lauter Selbstbeschäftigungsnot, landen in den Höhlen der Vergnügung, in künstlich geschaffenen Lust- und Genußröhren, Quarantänestationen des Amüsements, die man möglichst nicht verlassen sollte, bevor man pleite ist.

Vielleicht war oben bei Deyhle überfüllt, dann sind Sie hinuntergefahren zum Ufa-Palast, haben bei offenem Fenster etwas Zugluft gespürt und sich das Großstadtfieber geholt. Wäre schön. Aber schon standen wir wieder in der Prärie, im Norden, fern der Stadt, die keiner liebt. Eines Tages werden die Junkies in der City nicht mehr an Drogen sterben, sondern an Einsamkeit.

Demnächst wird das neue Zapata eröffnet, eine alternative Besenwirtschaft mit Kunstanspruch. Dann werden sie uns im Salsa-Rhythmus vortrommeln, endlich hätten wir es geschafft, und er sei schneller und babylonischer erbaut worden als der Turm zu Babel: Stuttgarts Palast der Urbanität. Pfeifendeckel, Amigos. Der Laden steht in der Neckarvorstadt. Landesvorstadt Stuttgart!

Bald wird alles besser. Zur Jahrtausendwende spendieren sie uns ein neues Theaterhäuserl; dann hängen die ergrauten Avantgardisten der progressiven Vergangenheitskultur nicht länger im abgelegenen Wangen.

Dann sitzen sie mittendrin, Anschluß zu »Stuttgart 21«, Anschluß zur Welt. Aber wo?

Auf dem Pragsattel; dort wird ihnen bald der Hintern brennen, weil der Ritt in die Vorstadt weit und entwürdigend ist.

Bald sind wir die zerteilte Stadt. In der Geisterstadt werden die letzten, müden Aufrechten auf High Steels in der Leonhardstraße Schmiere stehen. Und der Oberbürgermeister lädt zum Dinner for one. Fällt mir ein: Was macht eigentlich Onkel Gustav? Kennen Sie nicht? Gustav Siegle? In der Altstadt steht sein Haus, ein wunderbarer, großer Bau. Dort üben die Philharmoniker, lauter Trauerweisen, weil sie einsam sind. Finito! Raus aus dem Haus!

Macht ein Mädchenheim draus, mit Plüsch und Pomp und weichen Betten! Hängt das Rotlicht raus, blast die Fanfaren und fahrt den Chevy vor: Willkommen, König von St. Leonhard, letzter Häuptling vom Stamm der City Hopper.

20. Januar 1998

Das Fest
der alten Männer

Pünktlich zum Ende der Winterpause in der Fußball-Bundesliga ist es Winter geworden im Land, ein Winter wie Wein: trocken, sonnengereift und brandgefährlich. Man muß in allen Lagen heizen.

Das war ein Wochenende. Klarer Himmel, bestechend blau. Ich rief einen Freund an und sagte, dies sei ein guter Tag, um in einer leicht abgedunkelten Bar das Leben zu besprechen. Er antwortete, er selbst hielte es für lebenswerter, die Wilhelma zu besuchen.

Die Idee mit dem Zoo gefiel mir. Also ging ich in die Stadt.

Es ist nicht ratsam, auf sein eigenes Genörgel zu hören. Man müßte sonst die Königstraße für immer meiden. Dabei ist sie eine brauchbare Sonntagspiste. Kein Mensch kann sich zu diesem Zeitpunkt über die Qualität der Geschäfte ereifern. Sie sind geschlossen. Und ist ein Laden erst einmal so phantasielos dekoriert wie der VfB-Sport-Shop, dann biegt man lieber ab.

So stand ich plötzlich vor dem Rathaus; es hatte am Sonntag geöffnet. Niedlich. Alles wegen Niedlich. Am 28. Februar, mitten in der Fastenzeit, macht er seinen Buchladen an der Schmalen Straße dicht. Die Leseratten verlieren ihr sinkendes Schiff.

Stuttgart aber muß eine liebenswerte Stadt sein, wenn sie sonntags ihr Rathaus öffnet, nur weil eine Buchhandlung schließt. Irgendwo also haust doch der Geist im Rathaus und nicht nur die Politik.

Drinnen, im Großen Sitzungssaal, schlug der Proust-Verehrer Wendelin Niedlich gerade unfallfrei ein paar Nägel ein, um seine Bilder zur Versteigerung aufzuhängen. Man hätte das einem Bücherfritzen gar nicht zugetraut.

Wendelin Niedlich, 70, ist ein besonders mutiger Buchhändler, weil er gleichzeitig ein katastrophaler Buchhalter ist. Nicht zuletzt deshalb ist er berühmt geworden. Wenn er seine Hausbank besucht, wird ihm zur Stärkung vermutlich ein Cognac serviert. Hochprozentig wie die Zinsen.

Und es ist ein Spaß zu sehen, wie die Veteranen dieser Stadt zusammenhalten wie Buchdeckel, wie die einstigen Klassenfeinde gemeinsame Sache für Niedlichs leere Kasse machen. In Stuttgart, der Stadt der alten Männer.

Wie sie auf den Tisch hauen. Der Herr Professor Kurt Weidemann, 75, schwang den Hammer als Auktionator für den einstmals dunkelroten Niedlich, die schwarzen Gurus Lothar Späth, 60, und Manfred Rommel, 69, assistierten.

Welche Pleite auf dieser Erde wurde jemals so theatralisch an einem Sonntag in einem Rathaus zelebriert? Respekt, meine Herren, jetzt dürfen die Händler in den Tempel. Im nächsten Jahr steigt vermutlich der Winterschlußverkauf des versammelten bedrohten Mittelstands am selben Ort.

Noch besser wäre es gewesen, man hätte Niedlichs Kunstsammlung in der nahen St. Eberhards-Kirche versteigert. Dort hätte man ihn gleich heiligsprechen können: St. Wendelin, Papst der gedruckten Poesie, frommer Jünger aller Gläubiger. Und vergebt ihm seine Schulden. Er ist wie immer unschuldig.

Die Mission ist erfüllt. Das letzte Kapitel schreibt das Kapital. Bald aber werden sie am Kaminfeuer sitzen, die alten Männer der Stadt. Der Buchhändler wird nicht mehr von dem Dichter Robert Walser reden, sondern von den Frauen; der Professor wird den Hammer zur Seite legen, seinen Flachmann ziehen und den Gruß des Abends sprechen:

Prost, Proust!

3. Februar 1998

Von Rauchern
und Pfeifen

Guten Tag, liebe Leserinnen und Leser, haben Sie mal Feuer?

Wie? Sie rauchen nicht? Es geht uns zwar überhaupt nichts an, was Sie sonst noch alles nicht machen im Leben. Aber warnen möchten wir Sie schon: Ohne Tabak ist das Leben kalter Tobak.

Erst gestern wieder zu einem orkanmäßigen Lungenzug durch die Gemeinde aufgebrochen: herzerfrischend Rauchkringel gen Himmel gestoßen, frei geatmet, tief Luft geholt. Jedesmal, wenn wir eine Kippe mit dem Stiefelabsatz austraten, feixend an Herrn Sauer gedacht.

Haben Sie mal Feuer?

Wie? Hat die CDU schon lange nicht mehr?

Hatten wir uns gedacht. In Sauers Kreisen mag man Raucher nicht. Da steht man lieber auf Pfeifen.

Weiß schon, was Sie jetzt sagen werden: Hier wird ein Problem verharmlost, und zwar so lange, bis die ganze Gesellschaft auf allen Vieren herumlungenkrebst.

Prost Gemeinde, ich hör's schon: Gleich wird der Kollege aus der Ecke husten, Rauchen sei wie Mobbing, ein Frontalangriff auf Körper, Geist und was weiß ich, woran der sonst noch leidet. Man müsse das Rauchen erst im Büro verbieten, hinterher im Bett und dann in unserer Lieblingsbar.

Am Ende treiben wir's wie die Amis. Dort ist Rauchen verboten. Die Todesstrafe aber erlaubt.

Mittlerweile gibt es auch in Stuttgart Kneipen, wo Rauchen nur noch am Rande gestattet ist. Die Typen mit den Glimmstengeln müssen, wie in den USA, in Toilettennähe absitzen, als hätten sie die Hosen voll. Seit Qualmen immer öfter verboten wird, schreiten die letzten Aufrechten Gott sei Dank zur Gegenoffensive. Statt mit einer handelsüblichen Marlboro oder Roth-Händle latschen immer mehr Zeitgenossen mit fetten Havannas durch die Gegend. Schon gibt es in Stuttgart die ersten Raucher-Klubs, etwa in der Radio-Bar, wo mit Freude gepafft und geschmaucht wird, wie es in jedem freien Land mal üblich war. Das haben sie jetzt davon, die Gesundheitsapostel, diese Giftler wider den guten Geschmack.

Verpaßt ihnen Zigarren, bevor sie uns den offenen Mund verbieten!

Wissen diese aseptischen Sauertöpfe überhaupt, wo das hinführt? Eines Tages stand ich vor einem Restaurant in New York, um nach dem Essen ein Zigarettchen zu nehmen. Drinnen herrschte wie überall Rauchverbot. Kaum angezündet, kam der Kellner gerannt wie gesengt und sagte, der Qualm könne eventuell durch die Tür seiner Pinte dringen und eine Lungenkrebs-Epidemie auslösen. In diesem Moment donnerte ein Vierzigtonner vorbei, woraufhin der Kellner für den Rest des Abends ausfiel. Abgasvergiftung. Jeder gewohnheitsmäßige, selbst stümperhafte R6-Raucher hätte den Angriff des Trucks mit einem müden Hüsteln weggesteckt und sich gelassen eine angesteckt.

Haben Sie mal Feuer?

Nö. Sie haben keinen blauen Dunst. Der Feldzug der Kreuzritter gegen die Raucher beruht auf einem medizinischen Irrtum. Ist der Raucher etwa süchtig? Raucht er, weil er's braucht?

Als der alternde Rolling-Stones-Gitarrist Keith Richards mal gefragt wurde, warum er schon wieder eine Marlboro anzünde, obwohl er eben erst eine ausgedrückt habe, winkte er mit der Rauchern eigenen Gelassenheit ab.

Die vorherige, antwortete er, sei zu kurz gewesen. Feuer, Herr Ober!

6. Februar 1998

Die Spur
der Steine

Jetzt, da die Schneemenschen der Welt dabei sind, in Japan die olympischen Gipfel zu stürmen, können wir nicht untätig die Füße unter den Tisch legen. Zwar wollen wir uns nicht mit Sportlern messen, zumal viele aussehen wie Yetis.

Aber nach oben wollen wir auch, der prächtigen Wintersonne entgegen. Wo das Licht so exotisch schimmert wie unten in der Staatsgalerie auf den Bildern von Gauguin – sofern man sie zwischen den Touristentrauben erkennen kann.

So besteigen wir bei klarem Himmel den »Monte Scherbelino«, den Birkenkopf, Stuttgarts berühmten Trümmerberg. Dort hat der Zweite Weltkrieg die Spur der Steine hinterlassen. Hier oben hat Stuttgarts erste große Putz-Aktion geendet. Hier wurde der Krieg endgelagert.

Heute findet man auf dieser Halde bei schönem Wetter immer noch reichlich Beziehungskisten. Seltsam, daß die Liebespaare ihr Glück ausgerechnet in den Ruinen suchen. Trümmerfrauen, Trümmermänner im Schatten eines monströsen Balkenkreuzes auf dem Gipfel.

Kaum anderswo kann man die Stadt besser mit den Augen sezieren als von hier aus. Nirgendwo über dem Kessel erlebt man das Gefühl der Erhabenheit stärker.

Und was erkennen wir Überragendes? Bahnhofs-, Rathaus-, Tagblatt-Turm? Interessiert uns nicht. Linker Hand zeichnen sich die Umrisse der Uni an der Keplerstraße ab. Man möchte, da gerade Sönke Wortmanns neuer Film in den Kinos läuft, zum Fernrohr greifen und ihn absuchen, den berüchtigten Campus: Na, Herr Professor, haben wir Sie wieder erwischt? Wo haben Sie denn Ihre Hände heute? In den Schoß gelegt? In den falschen?

Man bekommt mehr Weitblick in der Höhenluft des Monte Scherbelino.

Zeit für den Abstieg. Zurück in die Stadt, Richtung Norden. Vorbei am Hauptbahnhof, vorbei an der unübersehbaren Südwest-LB, deren Sponsorengelder Gauguin zu Lebzeiten mehr genützt hätten als heute.

Wir fahren Richtung Ufa-Palast, weil nur Kino unseren Trümmerberg überbieten kann. Er ist ja auch ein Bilderberg.

Wir sind jetzt in Amerika, auf den Spuren des Betons. Sonntags tummeln sich hier die Menschen im gläsernen Mikrokosmos der Event-Gesellschaft.

Unten in der Kneipe des Superkinos erinnern die Sitzbänke an Gartenmöbel. Wohl deshalb hat man den Laden »Central Park« genannt. Es würde nicht wundern, käme im nächsten Moment ein Trupp aus Böblingen in Basketball-Jacken um die Ecke gejoggt. Aber es ist nur ein gut gebauter Kellner im Muscleshirt. Wir bestellen chicken wings.

Die Vorzüge der Multiplex-Häuser liegen nicht nur in der Beinfreiheit, sondern in der Aircondition. Man hat nicht wie anderswo das Gefühl, in einem Popcorn-Eimer zu ersticken. Hier wurde, man kann es riechen, ordentlich investiert. Geld stinkt nicht.

Welchen Film, glauben Sie, haben wir gewählt? »Campus«? Angetörnt vom Liebesleben auf den Trümmern?

Wir haben anderes zu tun: »Im Auftrag des Teufels«. Al Pacino spielt den Satan von New York. »Ich bin«, sagt der Dämon im Film, »die Hand unter dem Rock von Mona Lisa.«

Wir eilen zurück auf den Berg, suchen Schutz unterm Balkenkreuz. Der Teufel wohnt im Talkessel. Vermutlich ist er Kunstprofessor.

10. Februar 1998

Die Heiterkeit meldet Einlauf

Das Ding ist gelaufen. Heute ist Aschermittwoch, und die Kohle ist weg. Spruchbeutel verkünden, wie das Leben bei Wasser und Brot in den nächsten Wochen weitergehen wird. Das einzige aber, woran die Schwaben im Fasnetsrausch sparen, sind Verhütungsmittel. Trotzdem passiert nix.

Gestern waren wir beim Umzug in der Stadt, und es verstärkt sich der Eindruck, daß hier die Entwicklungshilfe für den Fasching in der Missionarsstellung vollzogen wird: Man möchte schon, daß es geht, aber man weiß nicht so richtig, wie es funktioniert.

Was soll man davon halten, wenn ein Wagen vorbeirollt, dessen Besatzung sich »Leck's Fidele Markgröninger Schafhammel« nennt? Irgendwie erotisch ist das schon. Das Funkenmariechen hupft hintenüber.

Nähern wir uns dem Herzen des Hurrikans, dem Rathaus. Als wir in der weiteren Umgebung, in der Eberhardstraße, gespannt auf die Vorboten des Umzugs warten, herrscht, abgesehen von der Knallerei schallgedämpfter Kinderpistolen, Grabesstille. Man könnte meinen, die Gemeinde empfinge in feierlicher Andacht die Karawane eines fremden Staatsoberhaupts. Kann aber nicht sein. Der Schultes ist, inspiriert vom olympischen Geist, zum Skilaufen verduftet. In den Bergen übt er den Narrensprung. Die zurückgebliebenen Beamten verweilen auf der Buckel-Piste.

Im Rathaus, wo am Fasnetsdienstag angeblich härter gearbeitet wird als sonst, tanzen die Altvorderen, verkleidet: Wer hat so viel Pinkel, Pinkel, wem gehört die Welt?

Das Bier fließt gratis. Etwas zurückgezogen beobachtet ein Herr der städtischen Drogenberatung die frischgezapfte Runde und beteuert, er habe Urlaub. Wozu braucht man die Feuerwehr, wenn es ohnehin schon brennt?

Der offizielle Zug durch die Gemeinde rückt näher, eskortiert von der Kavallerie der Polizei. In Amerika nennt man diese Sportart Bullenreiten. Aber das ist ein anderes Thema.

Es wird ernst, der Bandwurm ausgelassener Heiterkeit meldet Einlauf. Auf dem ersten Wagen tanzen Eingeborene, in Felle gewickelt, zu Techno-Rhythmen. In ihrer Mitte bewegt sich, hydraulisch gelenkt, unser alter Freund King Kong. Im Namen des Affen: Laßt uns die Ahnen ehren. Heute ist unschwer zu erkennen, wer von wem abstammt.

Der Faschingsdienstag, wenn sich die Stadt fern des Karussells der Kappenträger in eine Geisterstadt verwandelt, dient ja in erster Linie der Nachdenklichkeit.

Man könnte sich zurückziehen in die Nische der Weisen und die Welt erörtern: Wer hält beim VfB gerade wen zum Narren?

Schon steuern wir ein leicht abgedunkeltes Café an, um das Problem zu diskutieren. Dort aber sitzt bereits der Baubürgermeister. Er arbeitet.

Vermutlich wird kein Stein auf dem anderen bleiben.

Es ist schwierig, einen Hort der Ruhe zu finden. An jeder Kneipentür das gleiche Schild:»Heute große Faschingsdienstagsparty mit Stimmung und Tombola.«

Erst ein Zettel im Schaukasten einer Schänke weit vom Schuß, zu klein bedruckt, um aus der Ferne entschlüsselt zu werden, weckt unsere Neugierde.»Susi, schwarz und braun getigerte Hauskatze, entlaufen.«

Wir setzen uns an die Bar, bewegt. Tränen kullern. Leise rieselt das Konfetti.

Guten Morgen, Aschermittwoch. Alles für die Katz.

25. Februar 1998

Neue Wäsche
braucht das Land

Es ist Zeit, ein neues Leben zu beginnen und die Bettwäsche zu wechseln. Sollten Sie, liebe Leserinnen und Leser, bisher in weiß-roten Tüchern des VfB Stuttgart Ihre Chance verschnarcht haben, dann entscheiden Sie sich jetzt für frischen Stoff aus dem Fan-Artikel-Sortiment von »Pur«.

Die Bietigheimer Gäu-Group offeriert zum Beispiel den Bettbezug »Masken«. Man erkennt darauf, in himmlisches Weiß und Blau getaucht, zwei schwebende Gesichter. Das eine lacht strahlend, aber etwas dämlich auf die Erde herunter; der Typ nebenan guckt ziemlich bescheuert aus der Wäsche, etwa so, als hätte Helmut Kohl beim großen Lauschangriff vergessen, sein Oropax der letzten Wahlnacht aus den Muscheln zu popeln.

Irgendwie begreifen wir ange-sichts der »Masken« unser ganzes wildes Leben auf einen Blick. Eben noch gegrinst, schon abgewatscht. Das alles verdanken wir Pur, jener Band, die von heute an drei Abende in der Schleyerhalle spielt.

Zur besseren Vorbereitung auf das Mega-Ereignis war es empfehlenswert, am Donnerstag Sport im Fernsehen zu gucken. Das war Körperertüchtigung pur: Acht Stunden beschäftigte sich das Deutsche Sportfernsehen (DSF) mit dem VfB Stuttgart, und wir wissen jetzt, warum der »Spiegel« diese Woche berichtete, Fußball führe zu Impotenz und geistiger Umnachtung. Übertrumpfen könnte diesen Auftritt der roten Hosen vielleicht Jürgen Möllemann mit einer Lesung von Lothar Matthäus' Gesamtwerk.

Oder eben Pur, die Kapelle der guten Hoffnung. Seit Tagen lernen wir die Texte auswendig, um die bevorstehenden drei Abende im Alb-Verein nicht schweigend mit offenem Mund zu erleben. Was würden die anderen 12 000 Puristen in der Halle denken? Wir könnten nicht?

Besonders angetan hat es mir ein Pur-Lied, das ursprünglich für einen Werbespot geschrieben, dann aber emotional nachbearbeitet wurde. Der Song heißt »Endlich ich« und streift irgendwie mein kosmisches Feeling, wenn ich in der Nacht mein Feuerzeug anwerfe:

Ich bin ein manchmal
hoffnungsloser Fall
Fühl mich verantwortlich
für jeden Furz und Knall

Darüber lohnt es sich nachzudenken, und ich schätze, es wird ein erbaulicher Familienabend heute in der Schleyerhalle, bevor wir uns erregt auf dem neuen Bettzeug wälzen und leicht betroffen an die Kinder von morgen denken:

Der Hosenschlitz, der offen war
die Nudel auf der Nase da
ein talscher Fext in einem Lied
ein leiser Duft, der Dich verriet

Okay, da düssen wir murch, bemühen uns aber bereits, wie Sie sehen, um eine gewisse Textsicherheit für den Ernstfall des kollektiven Hallensingens.

Im übrigen möchten wir darauf hinweisen, daß in der Geschichte der Menschheit weder ein Stuttgarter Popunternehmen noch ein hiesiger Bettwäschevertreter jemals so erfolgreich war wie Pur. Millionen Nudeln können nicht irren.

Sind die drei rekordverdächtigen Pur-Nächte vorbei – nur Tina Turner hat es mal geschafft, die Schleyerhalle sogar vier Tage lang zu füllen (1987) –, geht es erst richtig los. Am 11. Juli spielt die Kapelle im Daimlerstadion. So genießen wir auch an diesem Platz der Loser endlich mal das Gefühl vollkommener Glückseligkeit. Dann laßt uns zusammen singen, aus voller Kehle und offenem Hosenschlitz:

Einer wird immer der Dumme sein
Einer ist immer das arme Schwein ...

7. März 1998

Volksfront auf
dem Eimer

Wer nach dem Sieg von Mercedes in Melbourne/Australien noch Selbstzweifel hat, ist selber schuld: Erstens wohnen wir im Geberland Baden-Württemberg, zweitens neuerdings in der Angeberstadt Stuttgart, und drittens nehmen wir uns verdammt wichtig. Kehrwöchnerinnen und Kehrwöchner: Kehrt um!

Seit geraumer Zeit hängen in der Stadt Plakate, die für die Dreckweg-Aktion »Let's putz« werben. Die Poster sehen aus, als hätte man Gelbe Säcke, die Gewissensberuhiger der Plastikgesellschaft, beschmiert, gebügelt und an die Wand gepappt. Man müßte Fahndungsfotos des Umweltbürgermeisters daneben hängen und für seine Ergreifung eine Belohnung aussetzen, die sich gewaschen hat. Hygiene schreiben wir schließlich groß.

Zum Glück wurde die Mobilmachung der Saubermänner, eine Kampagne unseres OB, nach etlichen PR-Auftritten von den Presseagenturen verbreitet, so daß man endlich bundesweit begreift, was eine Stuttgarter Besen-Wirtschaft ist.

So solidarisch wie im Mief war die Stuttgarter Gesellschaft selten. Die Theater zum Beispiel, im ewigen Verteilungskampf stets in der Nehmerposition, füllen jetzt gemeinsam den Eimer. Zur Not nützt man den Gang durch die Gosse zur Selbstwerbung.

Das Theaterhaus etwa, seit der Aussicht auf den Umzug in die feudale Rheinstahlhalle offenbar für jede Wisch-und-weg-Ideologie zu haben, tummelt sich seit langem im Metier: Sein erfolgreichstes Bühnenstück heißt »Dirty Dishes«, Drecksgeschirr.

Stuttgarts Putzisten formieren sich zur Volksfront: Künstler, Fußballer, Politiker und sonstige Krümelmonster ziehen demnächst Hand in Hand am abgenuckelten Kaugummi. Wir erleben eine neue Gattung von Bordstein-Schwalben, auch Schrubber genannt.

Unklar ist, wie die Hierarchie der Kehrwisch-Kolonnen funktioniert. Gibt es Offiziere und Etappenschweine? Wer trägt den Spieß? Wer sichert den Rückzug?

Als Zulassung für den höheren Dienst im Unrat fordern wir ein Papier, ausgestellt vom Oberbürgermeister. Angelehnt an den volkstümlichen Umgang mit dem Führerschein nennen wir es Putz-Lappen. Entzogen wird er Personen, die bei Rot über die Ampel fegen.

Für den Auftritt der Stuttgarter Müllsäcke, die vermutlich größte Räumung seit den Tagen der Trümmerfrauen, empfehlen wir zum besseren Gelingen begleitend Maßnahmen, die wir, wie immer in Fragen der Peinlichkeit, dem großen Vorbild New York entlehnen.

Um den Schmutz nicht nur auf den Straßen zu tilgen, sondern auch in den Seelen, hat Bürgermeister Giuliani angeordnet, Sex- und Pornoshops zu schließen, die weniger als 150 Meter entfernt von Wohnhäusern, Kirchen und Schulen ihr Geschäft betreiben. Die Leonhardstraße wäre nach diesem Gesetz mit einem Schlag erledigt.

Auch sollen erotische Ballungszentren wie die letzten erregenden Ecken des Times Square gesprengt werden. Solchen Maßnahmen zum Opfer fällt etwa die berühmte Baby Doll Lounge in Downtown Manhattan, wo bis dato Wall-Street-Banker und Stuttgarter Touristen schwäbisch sparsam gekleideten Girls beim Gesellschaftstanz zuschauen.

Wozu hat Delta-Airlines eigentlich diesen Monat eine Direktlinie von Stuttgart nach New York eröffnet? Um die Müllmänner auszutauschen? Um den Putzfimmel in den Himmel zu heben? Sollen wir uns alle einseifen?

Man möchte sich in einen Gelben Sack verkriechen und einen Besen fressen. Wenn die noch alle sauber sind.

11. März 1998

Das Salz der Erde
Es gibt einen Grund, Stuttgarter zu sein: das Bad Berg

Eines Tages standen Blumen am Beckenrand. Was heißt Blumen. Grünzeug, Pflanzen. Aber keinem war die Sache geheuer, und einer nach dem anderen schlich hin, um der Natur auf den Pelz zu rücken, wenigstens mit dem kleinen Finger.

Die Pflanzen in der Badehalle sind falsch, Kunststoff. Aber das ist Wurst, solange das Wasser echt ist.

Es geht ums Wasser, nicht ums Wetter, ums Wasser, und sonst um gar nichts. Es gibt Süchtige, die rasen morgens um sechs ins Bad Berg, um sich ihre Dosis zu setzen. Dann stehen sie so hemmungslos lange und kunstvoll verrenkt unter der siedend heißen Dusche, als hätten sie ihr bisheriges Leben im Mülleimer oder im Kanalsystem verbracht.

Mit Baden hat das nichts zu tun. Es ist eine Art Kannibalismus im Selbstversuch. Man kann sich selber kochen und garen, das geht tatsächlich. Wer anschließend draußen ins kalte Wasser steigt – in einem anständigen Mineralbad springt man nicht ins Wasser –, kann Lourdes vergessen. Die Quelle des Lebens sprudelt in Stuttgart.

Das Ding mit den Pflanzen war der Höhepunkt einer Kulturrevolution. Einer der dienstältesten Bergianer, der sein Leben mit Kunst und seine Freizeit mit Faustball im Bad verplempert, hat mir im Berg ungefähr 14 Mal erklärt, daß die Römer früher in einer solchen Halle wie hier zum Schwimmen nicht mal ihre Pferde untergestellt hätten.

Da wir aber keine Pferde haben, sondern selbst zur Tränke gehen, können wir das Problem vergessen.

Bevor die Pflanzen, die keine Pflanzen sind, wie eine Plastik aus der

Naiven-Abteilung installiert wurden, waren die Maler unterwegs. Sensationell. Der Laden hat über 140 Jahre auf dem Buckel, und manchmal könnte man denken, die Gäste seien ungefähr auch so alt. Aber über Nacht leuchtete das Bad aus allen Ecken kobaltblau, der härteste Schnitt in der Kunstwelt, seit Andy Warhol elektrische Stühle gemalt hat. Man sprach von Corporate Identity, obwohl Schweinereien im Berg, abgesehen von den Oben-ohne-Girls, verboten sind. Kobaltblaue Klobrillen! Man kam fast nicht mehr hoch.

Manche Kunden im Berg besitzen Rechte, die kurz nach der Sintflut entstanden sein müssen. Es ist zum Beispiel lebensgefährlich, sich auf der Wiese ins Berg zu legen, ohne zu fragen, wer hier im Sommer wohnt. Es spielt keine Rolle, ob die Wiese leer ist und Platz für ein Dutzend Reisebusse bietet.

Im Berg hat jeder seinen Platz und jede Abteilung ihr Revier: Schwule und Lesben, Goldketten, Normalos und alle anderen Ottos.

Sich auf den falschen Platz zu legen, hieße, einem Penner seine Platte oder einer Dirne ihre Ecke streitig zu machen. Gute Nacht.

Es gibt in Stuttgart drei Mineralbäder, bei zweien fällt mir meistens der Name nicht ein. Es gab im Leben schließlich immer Entscheidungen zu treffen: Kickers oder VfB, Pepsi oder Cola, Beatles oder Rolling Stones. Das Leuze, die benachbarte Anstalt für den gehobenen Surfer, ist VfB, Pepsi und Beatles.

Das Berg ist eine Kirche mit Stadtbahnanschluß. Man sündigt tagelang und schwitzt in der Sauna seine Verbrechen aus. Wer winters bei fünf Grad unter Null mit seinen Händen am gefrorenen Treppengeländer im Open-air-Becken hängenbleibt, hat anschließend kein schlechtes Gewissen mehr. Er hat gebüßt. Sauna und Kaltbecken sind eine Mischung aus Taufe, Beichtstuhl und Vergebung.

Das Wasser im Berg ist so prickelnd, daß ich jedesmal fest an meine Rundumerneuerung glaube. Wer nach Sauna und Schwimmen aus dem 18 Grad kalten Wasser steigt, hat sich selbst zum Mineraldirektor gekürt. Er ist ein Chef, jedenfalls kein Weichei.

Daß im Berg, das heute noch nach dem Namen seines Gründers auch »Neuner« genannt wird, Männer- und Frauensauna getrennt sind wie zu Turnvater Jahns Zeiten, fördert den Unterhaltungswert. Nirgendwo sonst kann man Männer so fürchterlich laut und verbissen tratschen hören wie hier, in der Nähe des Daimlerstadions, wo der VfB Gesprächsstoff frei Haus liefert, und der Zeugwart des Klubs mit im Schwitzkasten sitzt. Wird's politisch, fühlt man sich manchmal wie bei einer Parteiversammlung der CSU. Die Ausländer unter den Stammgästen sind allerdings so integriert, daß sie womöglich selbst vergessen haben, daß man, außer Kartoffelsalat, in ihrer Heimat Italien weit besser essen kann als im Saitenwürstle-Bistro des Berg. Aber zu viel Gesundheit wäre auch gefährlich.

Um den Zeitgeist zu huldigen, wurde im Berg zuletzt eine Schampus-Bar mit dem wunderschönen Namen »Entre Nous« eröffnet; dabei hätte man gleich das komplette Gelände so nennen können. Hier ist man fast immer entre nous, und jeder Fremde braucht eine Weile, bis er sich traut, seine unwesentliche Meinung zu sagen, was im übrigen nicht ungefährlich ist.

Unterschieden werden in den Kasten des Berg Sommer- und Ganzjahresgäste. Der Ganzjahresgast nimmt für sich in Anspruch, kein Trittbrettfahrer zu sein, sondern ein Held. Er trotzt der Kälte und dem inneren Schweinehund. Er weiß, daß hier nicht nur die Quelle sprudelt, sondern der Geist. Der Sommergast dagegen führt sich und seinen Körper vor und vergiftet mit seinem Sonnenöl das Wasser, in das er sich ohnehin nur zögerlich traut. Es sei denn, es gilt jemandem zu imponieren. Man will ja in diesem Mikrokosmos der Eitlen und Gesunden nicht baden, sondern auf dem Laufsteg mitrudern.

Bis heute begreife ich nicht, warum die Stadt Stuttgart mit ihren Quellen nicht weltweit wirbt, was die Pumpen hergeben. Wenn es einen wirklichen Grund gibt, dieser Stadt niemals den Rücken zu kehren, dann ist es das Bad Berg. Es ruft.

Früher, bevor die Fliesenleger und Amateur-Designer eingriffen, konnte man glauben, im Berg schwimme eine Armada blauer Müllbeutel. Aber

es waren Bademützen aus Plastik, die inzwischen von modernen Stoff-
kappen abgelöst wurden. Die Kappe an sich blieb Pflicht.

Der frühere Berg-Chef Paul Blankenhorn – er starb im Februar 1997
mit 90 Jahren – pflegte sein Wasser, als handle es sich um Wein. Nein, es
ist ja wertvoller, weil man davon trinken und darin baden kann. Unter
der Wanduhr in der Halle stand jahrzehntelang die wichtigste Regel:
»Hineinspringen und crawlen verboten«.

Springen und kraulen, sagte der alte Blankenhorn, mache sein Wasser
kaputt. Man schüttelt eine Flasche Wein auch nicht, bevor man sie öffnet.

Sein Neffe Ludwig Blankenhorn machte sich nach dem Tod des Alten
ans Renovieren, und irgendwie hat er das ganz lustig hingekriegt. Immer
wenn ich das Kobaltblau sehe, denke ich an einen Kobold, der nachts mit
Eimer und Pinsel über die Fliesen flitzt und eigenartige Graffiti hinterläßt:
out of the blue.

Manchmal allerdings hat man Angst ums Berg: Die Gäste altern mit
den Bäumen.

Wo sind die Grünschnäbel, die Muskelbabies aus den Fitneßzentren?
Sie plantschen im warmen Wasser ihrer Fun- und Erlebnisbäder. Keiner
hat ihnen gesagt, daß hier nicht nur frisches Wasser fließt, sondern daß im
Berg das Salz der Erde schwimmt.

Jedenfalls tut es gut, ein schlechter Mensch zu sein, solange das Berg
noch steht. Es wurde erfunden, um uns zu trösten.

Cannstatter
Geldwäsche

Wenn nicht alles täuscht, ist heute Fußball angesagt, jener große Fußball, der nur im Daimlerstadion geboten wird. Der VfB, zur Zeit im Europapokal beschäftigt, spielt gegen Prag. Soweit kann man kommen, wenn man zuvor Mannschaften aus Fußballhochburgen wie Island geschlagen hat.

Wenn Sie Bock haben, liebe Sportskameradinnen und Sportskameraden, gehen Sie doch heute auf den Wasen. Dann sind die andern nicht so allein. Kaufen Sie sich ein ordentliches Haupttribünenkärtchen für 71 Mark, eine rote Wurst mit Senf, und machen Sie sich einen vergnügten Abend.

Besonders berauscht, dies als Tip, fühlt man sich im Daimlerstadion, wenn Regen aufkommt und der Wind weht. Man kommt sich so heimelig vor wie auf der Titanic, man fließt dahin vor Wohlgefühl und könnte, vor Freude triefend, dem Präsidenten um den Hals fallen.

Noch nie war es so schön, mitten in der Patsche zu sitzen.

Nun wird zwar behauptet, über den Rängen des Stadions befinde sich ein Dach. In Wahrheit aber handelt es sich bei diesem dubiosen Gehänge um einen handfesten Dachschaden, der im Fußballgeschäft zwar häufig vorkommt, in Stuttgart aber besonders.

Lustig finden wir das deshalb, wenn über die glorreiche Zukunft dieses Zugluftschlosses geredet wird.

Vip, Vip, hurra!

Man möchte eines Tages in den Big-Man-Lounges bei den Willi Wichtigs sitzen, zuschauen, wie der Piß von oben über die wasserfesten Rolex-Wecker läuft, ehe er konsequent die Stoffe von Gucci und Armani zersetzt.

Hey Boss, das kostet Geld.

Sollte es auch am kommenden Sonntag beim Schlagerspiel gegen die Flaschen des FC Bayern regnen und winden, ist alles nicht so schlimm: An diesem Abend kostet ein gepflegtes Haupttribünenbillettchen nur 81 Mark, liegt also weit günstiger als etwa ein Hemd von Cerruti, das man anschließend wegwerfen oder aber der Schrubber-Kampagne »Let's putz« überlassen muß.

Man kann demnach davon ausgehen, daß auf den Rängen des VfB bei Regen eine Art Geldwäsche stattfindet.

Warum der Namensgeber Daimler den Bad Cannstatter Wasser-Fall duldet, verstehen wir nicht. Wie würde die ehrenwerte VfB-Kundschaft reagieren, wenn durchs Verdeck ihrer roten Daimler-Kabrios plötzlich Sturzbäche rauschten? Den Eimer holen?

Einer geht noch? Einer geht noch rein?

Die wohltuend zurückhaltende Anregung des VfB-Präsidenten Mayer-Vorfelder, man hätte das Stadion in die Luft sprengen sollen, erscheint uns mittlerweile sehr vernünftig.

Die größte Sauerei ist im übrigen, daß die schlimmste aller kalten Duschen auf dem Wasen neulich nicht die frisch geölte VfB-Klientel erwischte, sondern die armen Tröpfe der Kickers – beim 2:3 gegen Frankfurt.

Warum eigentlich ließ der OB diese Woche Promis vor dem Daimlerstadion zum Putzen antreten? Schon wieder ein politisches Ablenkungsmanöver?

Jawoll. Unten hui und oben pfui.

Unserer Sportbürgermeisterin wollen wir die Sache ausnahmsweise mal nicht in die Schuhe schieben. Die kann's nicht besser wissen. Sie kommt aus Duisburg, und dort pißt es immer.

Wir fordern den Kelchtest fürs Daimlerstadion: Das Maß ist voll.

19. März 1998

Schmutziger Lorbeer

Politisch korrekt werden wir heute einen Besen ergreifen und um die Häuser fegen, daß es staubt bis nach Berlin. Keine Gnade, bevor die ganze Stadt im Eimer ist.

Allerdings gibt es eine bessere Idee. Man könnte einen Schrubber schultern und statt zu kehren erst mal einkehren. Nach zwölf, dreizehn Guinness und zwischen zwei Schachteln Marlboro wäre die Sache mit dem Rekord auch gegessen: weltweit bester Müll-Schlucker.

Putz, Blitz! Das wird man doch noch hinkriegen. Stuttgart wird heute so berühmt werden, daß an allen Stammtischen dieser Erde eine Gedenkminute des Respekts eingelegt wird: Prost, ihr Säcke!

Unmöglich finden wir es allerdings, daß Schusters Event »Let's putz«, diese tolle Möglichkeit, wirkliche Probleme unter den Tisch zu kehren, handelsübliche Service-Leistungen außer acht läßt. Wo ist die Vip-Lounge mit passender Karte: frisch gespießte Papierschnitzel mit Riesling staubtrocken?

Was sagen Sie? Das sei doch besenreiner Schwachsinn? Haben Sie auch wieder recht.

Heute findet das Feger-Finale auf dem Marktplatz statt, mit Musik. Ich hatte schon geglaubt, die Putzfimmel-Fritzen, diese Handy-bewaffnete Wirbelwind-Truppe aus dem Schmuddelfach, hätte wenigstens ein einziges Mal eine brauchbare Idee. Aber dann war's wieder nix.

In Stuttgart gibt es seit Jahren eine Partyband mit dem wunderschönen Namen »Cleaning' Women«. Man hätte nicht haufenweise Phantasie gebraucht, um die schrillen Besen für das Festival anzubaggern. Aber womöglich würden die sich gar nicht für jeden Dreck hergeben.

Trotzdem sind wir um einen Event reicher, um den uns die Welt beneidet. Man sollte jetzt statt der Kehrwoche die Wisch- und Wascholympiade einrichten, und zwar mit Winter- und Sommerspülen. Das wäre des Pudels Kernseife. Das Schönste an modernen Events, die ja nicht alle im Besenfach angesiedelt sind und auch nicht ausschließlich von Lumpen bestritten werden, ist mittlerweile das Publikum: Weil das Fußvolk von Sponsoren gleich gruppenweise eingekauft wird, muß keiner mehr befürchten, die Gäste hätten von dem, was sie zu sehen und zu hören bekommen, eine Ahnung. Sind Sie unlängst mal bei einem Tennisturnier durch die Halle geschlichen? Spielt da noch einer, oder kommt das Stöhnen der Monica Seles mittlerweile aus Beate Uhses Lautsprechern?

Zum Glück dienen die meisten Veranstaltungen inzwischen hauptsächlich den Event-Vermarktern.

Das von Firmen eingeladene Publikum nimmt viele Darbietungen nur noch widerwillig zur Kenntnis, bis der Sponsor endlich zu Hummer- und anderen Schwänzen bittet.

Beim Event »Let's putz« stellt sich dieses Problem allerdings nicht: Dort wird von Anfang an geschaufelt und gespachtelt.

So, Putzis, und jetzt verdient Euch Euren schmutzigen Lorbeer.

28. März 1998

Das Phantom
der Ober

Seltsam. Was ist aus der Königstraße geworden? Wir wollten nur mal wieder unseren guten alten Bahnhof besuchen. Plötzlich stießen wir überall auf Barrikaden, die Stolpersteine des Fortschritts.

Königstraße? Jetzt sind wir Zaunkönige auf dem Boulevard der Bretter.

Was bleibt anderes übrig, als rechtzeitig hinter den Gerüsten zu verduften?

Der letzte Zufluchtsort, sollte man meinen, ist die Kneipe. Aber suchen Sie mal, liebe Leserinnen und Leser, in Stuttgart ein Gasthaus, das diesen Namen verdient. Es stimmt zwar, daß wir uns seit Jahren in einem grandiosen Wirtschafts-Wachstum bewegen. Aber die artgerechte Haltung des Urviechs an der Theke stirbt aus.

Denn dummerweise leben wir in der Stadt der Kreativen. Unser großer Vorsitzender Rolf Deyhle etwa nimmt für sich in Anspruch, den Begriff »Erlebnisgastronomie« erfunden zu haben. Warum so bescheiden? Hat er nicht die Gastronomie an sich erfunden?

Rolf Deyhle, das Phantom der Ober.

Über die Kellnerfrage müssen wir uns allerdings ein anderes Mal unterhalten. Im Moment, bevor Deyhle das Bosch-Areal erlebnisgastronomiert, beschäftigt uns das Phänomen dieser Ballermann-Bars.

Womit haben wir es zu tun?

Für Antworten wäre ich äußerst dankbar. Vielleicht bestellen Sie eines Tages eine Rote mit Senf, und dann bekommen Sie eine Weißwurst im Präser. Oder Sie ordern einen Gaisburger Marsch, und beim Servieren spuckt Ihnen die Bedienung in die Suppe.

Ist das vielleicht kein gastronomisches Erlebnis? Der Gast ist König.

Die Erlebnisgastronomie wird derzeit als ein Allheilmittel auf dem kränkelnden Immobilienmarkt eingesetzt. Aus dem Zapfhahn kommt dann kein Bier, sondern Erlebnisgastronomie (EG), die Schaumkrone kreativer Urquell. Die Eberhardpassage zum Beispiel, eine Stuttgarter Variante der Sahara, soll jetzt zum EG-Zentrum schwäbischer Gemütlichkeit umgebaut werden. Dieser unterirdische Sackbahnhof will, logo, etwas »völlig Neues« bieten, dermaßen neu, daß in anderen Großstädten schon wieder darüber gelacht wird.

Die Abfüllung der provinziellen Flaschen funktioniert nach dem Prinzip von Angebot und Nachfrage: Kneipe voll, Bier teuer. Kneipe leer, Bier billig. Da wir unseren Stoff schon lange nicht mehr im Wirtshaus, sondern an der Börse nehmen wollen, freuen wir uns auf diese Bereicherung. Interessant ist diese Tankstelle schon deshalb, weil bis dato nirgendwo in der Stadt so viele Kneipen in Reihe und Glied stehen wie in der Eberhardstraße. Es ist wirklich Zeit, dort mal den Rauch reinzulasssen. Auch Wirte sind sterblich.

Am Ende unseres Zugs durch die Gemeinde plagt uns allerdings ein Problem: Wir werden einsam.

Früher wurden Kneipen eröffnet, um Männer zu trösten. Was aber macht künftig unser Barmann, wenn wir ihm von den schlimmsten Schmerzen unseres Liebeskummers berichten?

Reicht er uns einen Schnaps? Nennt er uns eine seriöse Adresse? Vermutlich serviert er uns Ochsenschwanzsuppe.

Das ist Erlebnisgastronomie.

4. April 1998

Aufbruch nach
New York

Ein Kollege mit scharfem Auge hat mehrfach beobachtet, wie Menschen stundenlang auf Einlaß ins überfüllte Breuninger-Parkhaus warten. Wir erleben eine automobile Prozession, die deshalb verwundert, weil zur gleichen Zeit in den umliegenden Parkhäusern jede Menge Plätze frei sind. Was ist hier los?

Gibt es im Breuninger-Parkhaus Freibier? Tanzen dort nackte Damen?

Alles falsch. Es geht den Leuten gar nicht um einen freien Parkplatz. Sie befriedigen notdürftig ihre Sucht nach Stau, bevor sie sich über Ostern die endgültige Dosis geben. Wir können ihr nicht entfliehen, der Verlockung der Schlange.

Was uns bleibt, ist der Himmel, der keine Balken hat. Stuttgart fliegt aus.

Mitten im Sommer, wenn der Talkessel vor Wollust brodelt, macht sich eine Stuttgarter Delegation auf, die Neue Welt zu erobern. Es handelt sich um eine der fürs Festland wichtigsten Expeditionen seit Kolumbus' Fehlversuchen.

OB Schuster begleitet das Stuttgarter Ballett zu einem Gastspiel nach New York City/USA.

Auf dem Programm steht die erste US-Tour der Kompanie seit 19 Jahren. Schade, daß der Troß erst am 7. Juli an der Ostküste landet. Drei Tage zuvor hätte er gemeinsam mit unseren good old friends »Independence Day« feiern können.

Dafür aber können wir uns bei Uncle Sam endlich revanchieren: Unsere Truppe jettet mit reichlich Care-Paketen über den Atlantik.

Die Luftbrücke steht. Der Tanz um »Stuttgart 21« hat begonnen.

Da die Amis bisher glauben mußten, hinter dem Namen »Stuttgart 21« verberge sich eine der in den USA üblichen Erwachsenen-Bars, wo sich nette Girls für über 21jährige an Chromstangen räkeln, leisten wir jetzt Entwicklungshilfe. Unser Ballett wird im Auftrag der Stuttgarter Zukunftsplaner die Investoren der Vereinigten Staaten auf die Beine bringen. Vermutlich heißt unser Bahnhofsturm demnächst Donald Trump Tower.

Überm Dreifarbenhaus wehen künftig Straps and Stripes.

Daß die Unteren Anlagen bereits als Central Park gehandelt werden, gefällt uns allerdings weniger. Wir haben schon genügend schwarze Sheriffs.

Trotzdem sind wir zuversichtlich, daß der Pas de deux von Kultur und Kommerz sich als voller Erfolg entpuppen wird, sofern wir Billy Clinton den Zutritt zu den Zimmern unserer Rathaus-Praktikantinnen verweigern.

Finger weg von unseren Frolleins!

Den Ballett-Ausflug halten wir im übrigen für eine großartige Idee: Wie sonst könnten wir die schwebende Leichtigkeit schwäbischer Mentalität vermitteln? Schlimmstenfalls befürchten wir Besetzungsprobleme, zumal uns die Gesetzmäßigkeiten kapitalistischer Choreographie nicht besonders geläufig sind.

Deshalb folgende Überlegung. Da sich der »Nußknacker« nicht im Reiserepertoire unserer Kompanie befindet, möchten wir zur besseren Darstellung schwäbischer Leidenschaft OB Schuster die Rolle des Romeo andienen. Die Julia könnte mangels weiblicher Stuttgarter Prominenz der offizielle Tour-Begleiter Matthias Wissmann, unser Verkehrsminister, übernehmen.

Die New Yorker Bevölkerung in der Süd-Bronx zu einer Variante von »Let's putz« antanzen zu lassen, halten wir zur Zeit allerdings nicht für empfehlenswert.

Too much Gangsta Rap.

Deshalb schön locker bleiben, Seele und Beine baumeln lassen, und den urbanen Triebstau unbedingt vermeiden.

Dirty Dancing üben wir zu Hause.

9. April 1998

Der Marathon-Mann
Mathias Richling und anderer Kabarettismus

Kurz nach Ostern 1998, also etwa 30 Jahre nach Beginn der Studenten-revolte, die ja auch als Kulturrevolution gehandelt wird, fuhr ich nach Bad Urach, um einen privaten Wasser-Fall zu lösen.

Auf der rauhen Alb, in dieser struppigen, wenngleich gut bewässerten Gegend der Geradeausdenker, dachte ich, würden die Einfälle sicher nur so sprudeln. Ich hatte mich getäuscht. Ein Schock jagte den anderen. Die Kulturrevolution mit all ihren Befremdlichkeiten war vor mir eingetrof-fen.

»Girlie-Power in Metzingen«, las ich am Frühstückstisch in der Lo-kalzeitung, »Volksblatt und Alb-Bote präsentieren Funky Diamonds.«

Am Abend ging ich in ein etwas tiefer gelegtes Wirtshaus, wo ein schon leicht gealtertes, aber taffes Girlie hinterm Tresen stand. »Könnet mir zahle?« fragte ein Stammgast. »I hoff', ihr könnet«, antwortete sie, und die Augen funkelten wie funky diamonds.

Langsam wurde mir angst und bang, der urbane Vorsprung der Lan-deshauptstadt drohte dahinzuschmelzen wie die Aussicht der Stuttgarter Kickers auf die Rückkehr in die Bundesliga.

Zudem war man gerade dabei, den öffentlich-rechtlichen Südfunk als Baden-Badener Säuberungs-Welle fernzusteuern, so daß sich die Frage stellte: Steht der Standort Stuttgart eigentlich, oder fällt er? Ist der Stand-ort womöglich ein Liegeplatz? Ist diese Möchtegern-Großstadt noch stan-desgemäß auf Sendung oder stehend k.o.?

Denk' ich ans heimische Fernsehen, das es ja früher mal gegeben hat, fällt mir der Richling ein, übrigens nicht deshalb, weil er seinem eigenen

Programm mal den unterbelichteten, inhaltlich nicht beweisbaren Titel »Daß Fernseh bled macht« gegeben hat.

Mathias Richling, geboren in Offen-, aufgewachsen in Endersbach, Merz-geschult auf der Geroksruhe, ist einer von diesen buchstäblich unfaßbaren Stuttgarter Kerlen, die auf- und abtauchen, wann und wie es ihnen paßt. Ein abstinenter Workaholic.

Meinen ersten ernsthaften Kabarett-Tick hatte ich mir 1979 bei einem Gelage mit den »Drei Tornados«, einer selbstironischen Truppe der Sponti-Rebellion, in Berlin eingehandelt, und merkwürdigerweise warnten die mich später, als sie schon berühmt waren, immer wieder: Richling sei ein reichlich Komischer seiner Gattung, das wisse sogar der Kollege Wolfgang Neuss.

Nun ging das Gerücht, daß Neuss, der abgetretene Altmeister und bis zu seinem Tod der geniale Ratgeber und Guru der deutschen Kabarettisten, sich beklagte, Richling habe bei seinen Berlin-Besuchen nicht genügend Spendengelder für ihn abgedrückt. Denn es war gute Sitte, bei jedem Aufenthalt im Charlottenburger Loch Neuss wenigstens einen Hunderter unter den Aschenbecher zu schieben. Nach oben gab es keine Grenze. Der Alte brauchte das Geld zum freien Atmen, einer spirituellen Variante des Rauchens.

Wahrscheinlich aber hat Neuss dem jungen Stuttgarter nur deshalb Geiz unterstellt, weil Richling gelernter Schwabe ist. Es gab schließlich keine sich bietende Bösartigkeit, die der Mann mit der Pauke freiwillig ausließ.

Richling selbst lernte ich einige Jahre später als eine Mischung aus Phantom und Phänomen kennen. Damals war das Renitenztheater, diese Quetsch-Komödie des ungemütlichen Beisammenseins, noch in der Königstraße, ehe es in ein nicht weniger unkommodes Kellerloch an der Eberhardstraße umzog.

Richling ist im kleinen Renitenz groß geworden, und als er Mitte der Achtziger schon populär war, spielte er dort pausenlos den Marathonmann: Eine Show zeigte er in der Regel über ein Vierteljahr lang Abend für Abend, nur sonntags, wenn die Schwaben eh zu Hause blieben, nahm er frei, um in Ruhe zu arbeiten: Dann textete er ausnahmsweise auch mal tagsüber für sein nächstes Programm. Sonst tat er das nachts nach dem Auftritt.

Keiner hierzulande bewegt sich so virtuos zwischen allen Stilen wie Richling, dieses Hemd von einem Mann. Mal sabbert, schwätzt und plappert er abwechslungsweise in vier Stammesdialekten mit einem Scharfsinn, als hätte er seinen Verstand in einem Bad Uracher Wirtshaus getrimmt. Mal ist er so lyrisch und ernsthaft wie die Landesdichter der Vergangenheit. Und obwohl mich seine unzähligen Fernseh-Kurzauftritte, Hausspots für den Haussender, manchmal an den Rand des Nervenzusammenbruchs brachten, kehre ich immer wieder gern zu ihm zurück. Er ist ein leiser Poet und keifender Polterer, der sich straffrei sogar des schlimmsten Verbrechens des Kabarettismus schuldig gemacht hat: Er war oder ist womöglich noch festes Mitglied der K-Gruppe, jener militanten Fraktion, die K-Wörter über die Lippen bringt, ohne sich zu schämen. Richling machte ohne Auftrag der CDU und ohne Handgelder der SPD Witze über Kohl. Kanzler Kohl! KK. Kaputt gelacht hat man sich trotzdem.

Ich will allerdings noch erwähnen, daß Richling eines Tages beinahe auf Nimmerwiedersehen aus dem Renitenztheater verschwunden wäre. Meine Version, daß sich irgendwann der Kassenwart der humoresken Vereinigung bei der Abrechnung der Eintrittskarten zum Nachteil Richlings verzählt hatte, ist natürlich so frei erfunden wie die Mär, der Kabarett-Autor Erich Kästner habe einst die »Kleine Freiheit« in München gemieden, nachdem man vergessen hatte, ihm für 32 Zusatzstühle im Theater die Tantiemen auszuzahlen. Die Stühle hatte in diesem Fall übrigens ein gewisser Dieter Hildebrandt reingeschleppt.

Dumm gelaufen. Ärgerlich ist nur, daß Mathias Richling inzwischen die Premieren seiner Shows in Berlin oder, viel schlimmer, in München feiert. Man sollte ihn dafür mit einer saftigen Ausländersteuer belegen.

Wir dagegen hocken einmal im Jahr in der Liederhalle, wo Richling die vermeintliche Kleinkunst als One-man-show für den großen Saal inszeniert. Aber gut, das Renitenz wäre dafür eh zu eng.

Weil man Menschen, auf die man etwas hält, nicht nur einmal im Leben trifft, begegnete ich übrigens auch immer wieder den »Tornados«.

Im April 1989 kam Günther Thews, der weise, kahle Charakterkopf des Trios, zur Neueröffnung des Alten Schützenhauses nach Heslach – er spielte solo, unter anderem eine Nummer über seine eigene Todes-party vor der Himmelfahrt.

Oft habe ich ihn danach nicht mehr gesehen. Er starb an Aids.

Der Gründer des Stuttgarter Renitenztheaters, Gerhard Woyda, hat Günter Thews ganz gut gekannt: Der Berliner war selbst mal bei ihm aufgetreten – als Kartenabreißer in der Königstraße.

Die Welt paßt in jede Klitsche. Das ist der Witz des Kabaretts.

Good bye, Cherokee

Gestern nacht, als Stuttgart schlief, tat sich der Himmel auf. Ein infernalischer Blitz fuhr in mein Schlafzimmer, weckte mich, und der Donner grollte, donutsmampfend: A star is born. Ich sagte: Okay, Uncle Sam, und so folgte ich dem Stern.

Ich sattelte meinen Chrysler, Cherokee, und ritt nach Motown, Detroit. Als ich, im zweiten Gang, über die Main Street trabte, empfing mich ein Chorus gutgebauter Cheerleader; sie saßen in einem gigantischen offenen Chrysler Le Baron und sangen, Sehnsucht in den sternenklaren Augen, aus voller Kehle:

»O Lord, won't you buy me a Mercedes-Benz?«

Ich sagte: no fuckin' problem, sweethearts, wollte gerade mein Aktienpaket aufschnüren, als mich Jürgen Schrempps giftgrüner Blick streifte. Er zog heftig an seiner Marlboro, in seinen Augen blitzte das Dollarzeichen, und dann donnerte es. Ich wachte auf. Unterm Schlafzimmer kam die erste Straßenbahn angerumpelt. Good bye, Cherokee.

So hat jeder seine ganz private Fusion, äh, Vision, und man müßte was draus machen.

Als Jürgen Schrempp einst das Machtzentrum von Daimler-Benz betrat, wähnte er sich, im Herzen Amerikaner, in »bullshit castle«. Demnächst ist er Chryslers Burgherr, und da tauchen Fragen auf.

Als Lee Iacocca 1979 den maroden Chrysler-Konzern übernahm, übte er sich in der ersten Bürgerpflicht: Der Chairman schnallte den Revolvergürtel enger und kassierte eine symbolische Jahresgage von einem Dollar.

Was macht Herr Schrempp? Nimmt er einen Euro?

Mr. Iacocca verdient Respekt: Bauen wir ihm ein Denkmal auf dem Karlsplatz. Den Kaiser Wilhelm, der dort parkt, kann sowieso kein Mensch mehr sehen. Und der Gaul, auf dem er sitzt, hat null PS. Das muß kesseln, Wilhelm!

Die ersten, die von Daimlers Coup erfahren hatten, waren die nasenweisen Österreicher. Wiens Taxler holten gestern prompt in Stuttgart 68 Mercedes der C- und E-Klasse ab. Beim nächstenmal gibt's nur noch Chrysler. Holzklasse.

Mercedes-Piefke goes America.

In der Stadt selbst gilt es, künftig genau hinzuschauen: Wo leuchtet der Mercedes-Dreizack, wo der Chrysler-Fünfzack? Ein Problem vor allem für Neueinsteiger in der Autoknacker-Branche.

Mit genüßlicher Erhabenheit planen wir bereits unseren nächsten USA-Trip. Auf die Ami-Frage, um wen oder was es sich bei dem Namen Stuttgart handeln könnte, wird man lässig mit abgewinkeltem Daumen auf einen vorbeifahrenden Chrysler deuten: Diese Karre, Sir, gehört uns.

S-t-u-t-t-g-a-r-t.

Peaceful Übernahme!

Zurück zu meinem Traum, als ich gerade fusionierte. Ein böses Lied ging mir durch den Kopf: »Zwei alte Tanten tanzen Tango«.

Geschrieben hat es Chrysler, äh, Kreisler. Georg Kreisler. Am 16. Oktober tritt er im Stuttgarter Mercedes-Forum auf.

8. Mai 1998

Die Nacht von Cleverly Hills
Ich verleugnete mein Leben
und ging ins Lichtspielhaus

Am Morgen, es war ein Freitag, saß ich in der Straßenbahn und dachte über den Vorabend nach, kam aber nicht weit: Die Linie 2 touchierte einen Geldtransporter. Nichts passiert. Ein dumpfer Schlag, Blechschaden.

Aber der Zwischenfall gab mir zu denken: Handelte es sich hier um eine neue Methode öffentlicher Unternehmen, an Bares zu kommen? Anarchie? Vermutlich hatte ich wieder mal zu viele Schundfilme gesehen. Der Fahrer des Geldautos hatte lediglich vergessen zu bremsen.

Die Schwindsucht in den staatlichen Kassen aber steigt langsam zu Kopf, und nach meinen Erlebnissen am Vorabend beschäftigte mich eine oft diskutierte Frage: Hindert der staatliche Sparkurs daran, Ideen zu entwickeln, oder ist die Subventionierung, hat man sich erst mal beamtenhaft daran gewöhnt, eine erklärte Feindin der Phantasie?

Am Donnerstag, an einem klassischen Kinotag, wurde das Stuttgarter Filmhaus in der Friedrichstraße eröffnet. Es stieg, ladies and gentlemen, eine rauschende Filmnacht – jedenfalls, was die Qualität der Lautsprecher betraf. Der Kunstminister ging ans Mikrophon, auch der Oberbürgermeister, schließlich der Vorsitzende des Kommunalen Kinos (er brillierte mit einer rednerischen Variante der Unendlichen Geschichte).

Der Minister faßte sich kürzer und zitierte Robert Musil:
»Ich verleugnete mein Leben und ging ins Lichtspielhaus.«
Der Dichter lügt nicht. Wir erfuhren es am eigenen Leib.

Liebes Kino, Traumfabrik, Welt der unendlichen Möglichkeiten, Hort der Einsamen und Hoffnungsvollen, Schoß der Loser und Lebenssüchtigen. Wer war das? Welcher Film lief hier?

Der schwäbische Patient.

Der Saal im Erdgeschoß des Filmhauses war gut gefüllt. Es gab Sekt und Selters, später Reispfanne, international.

Und sonst? Drehpause. Nirgendwo ein Musiker, nicht mal ein Videorekorder. Null Atmosphäre. Hier standen sie verloren, all die üblichen Mitglieder des gealterten Premieren-Wanderzirkus'. Es grüßte am Abendhimmel gelangweilt der Planet der Gaffer.

Muß man die Eröffnung eines Filmhauses, Sitz des Filmbüros Baden-Württemberg und des Kommunalen Kinos, so steril ins Bild rücken? Wo waren sie? Charlie Chaplin, frisch geklont? King Kong? Die Blues Brothers? Wallace & Gromit? Die Jungs von der Enterprise?

Ach so, kein Geld? Oder keine Idee? Keine Phantasie?

Der OB definierte noch einmal den Standort:»Wir sind zwar nicht Hollywood, aber schon so gut, daß wir in Hollywood Oscars gewinnen.«

Tatsächlich hatte zuvor ein Mitarbeiter der Ludwigsburger Filmakademie, von dem Stuttgarter Hollywood-Regisseur Roland Emmerich für die Produktion»Independence Day« engagiert, für seine special effects einen Oscar erhalten.

Das gefällt uns natürlich: Wir, die Kreativen von Stuttgart bei Ludwigsburg. Schon plappert man unverdrossen und völlig ausgeblendet vom aufstrebenden»Filmland Baden-Württemberg«, auch wenn wir eher von der Rolle sind. Man muß sich auf jeder kulturellen Etage aufspielen, statt auf irgendeiner etwas richtig hinzukriegen. Kaum steht die Music-Hall auf der Vorortwiese, redet man von»urban entertainment« und vom Broadway. Welcome to Möhringen-Manhattan. Kaum hat ein Casino eröffnet, fühlen sich die Ehrengäste bei der Eröffnung wie in Las Vegas, als wären sie Wüstenfüchse.

Wir besprachen das Provinzsyndrom am Mittagstisch im Pressehaus, als mein Kollege Peter Kümmel wie gewohnt die Welt auf die Füße stellte: So sei das nun mal in Stuttgart, sagte er, hier im Tal von *Cleverly Hills*.

Ich erwarb sofort die Rechte an diesem Titel für ein Eis am Stiel, womit bewiesen ist, daß auch Stil käuflich ist.

So wünschen wir unserem Filmpalast im ehemaligen Amerikahaus noch berauschende Kino-Nächte weit ab vom Popcorn-Duft der Multiplexe. Eines Tages wird sich der Himmel öffnen, und Stuttgart wird beben.

Wer aber hatte schuld am Blackout des Vorabends?

Im Namen des Fußvolks. Verhaften Sie die üblichen Verdächtigen!

Dämon im Schwabenherz

Neulich las ich im »stern«, dem Fachblatt für den nordischen Knoten, eine Hymne auf unsere Heimat: »Der Süden – das bessere Deutschland«. Länder wie Bayern und Baden-Württemberg, schreibt das Magazin, »lassen in vielen Bereichen die Nordlichter ganz schön alt aussehen.«

Zu Bayern möchte ich mich aus strafrechtlichen Gründen nicht äußern. Wenden wir uns dem richtigen Süden zu: Die Feststellung, bei uns sei es schöner als im Norden, entspricht ungefähr der Erkenntnis, tags sei es heller als nachts. Daß die Fischköpfe ein halbes Jahrhundert brauchten, um die Wahrheit herauszufinden, wundert mich nicht. Es dauerte ja auch ziemlich lange, bis sie kapierten, daß ihnen ein schwäbischer Sachse namens Konrad Kujau statt Hitlers Tagebüchern gerötstetes Altpapier aus der DDR untergejubelt hatte. Das ist ziemlich genau 15 Jahre her. Glückwunsch zum Jubiläum.

Unser Süden ist viel süd- und sündhafter, als man denkt. Was herrscht für ein Leben auf den Straßen, wenn die Sonne lacht. Stuttgart international.

An der Ecke Nadlerstraße/Töpferstraße feier diese Woche das spanische Lokal Cortijo sein 15jähriges Bestehen. Ist es überhaupt ein spanisches Lokal? Der Wirt spricht deutsch, weil er hier aufgewachsen ist, griechisch, weil er dort geboren ist, und spanisch, weil er dem Flamenco verfallen ist. Manchmal quasselt er in allen drei Sprachen gleichzeitig, und dann verstehen wir nada.

Unter freiem Himmel plaudern die Menschen bei Paella und Rioja. Drinnen auf der Bühne hämmern unergründliche Stakkato Rhythmen, die Pulsschläge einer gefährlichen Leidenschaft. Flamenco.

Maria Serrano, die Startänzerin aus Spanien, zelebriert ihre Show, diese merkwürdige Mischung aus Begierde und Ekstase, die wir, die *payos*, die unbefleckten Weißen, wohl nie verstehen werden. Was ist das für ein Schritt, was für ein Blick, was für ein Kick.

Wir können natürlich so tun, als flösse das Blut der *gitanos*, der andalusischen Zigeuner, in unseren Adern. Aber es ist nur der Rote aus Rioja. Soll er doch kommen, der *duende*, der Dämon, wie der Dichter García Lorca den Flamenco genannt hat. Wir schreien ihm ins Gesicht: »Ay, ay!« Wir, Touristen im eigenen Land, Möchtegern-*aficionados*, Infizierte für gewisse Stunden.

Vor 35 Jahren kam der Grieche Niko Papavergos im Schlepptau seines Vaters, einem frühen Gastarbeiter, nach Esslingen. Er war zehn Jahre alt und träumte von einer Gitarre. Ein paar Jahre später sah er den Roma-Gitarreo Manitas de Plata in der Stuttgarter Liederhalle, und da riß Papavergos eine Saite. Er büxte nach Spanien aus und über-

te Flamenco. Es ist das Schicksal von Musikern, die nicht besser werden als ihre Lehrer, irgendwann eine Kneipe zu eröffnen. 1983, am Rande der Baustellen des Schwabenzentrums, übernahm der Flamenco-Grieche eine leblose Bar namens Cartoon und taufte sie in Cortijo um. Cortijo nennt man in Spanien Landhöfe, aber auch die Clubs der Musiker und aficionados, weil sie Lebensräume sind, wo es den Haß gibt und die Liebe, die Sehnsüchte und die Abgründe. So brachte ein Grieche den spanischen Flamenco ins Herz der Schwaben, und das ging nicht ganz problemlos über die Bühne. Es dauerte ein Weilchen, bis der Laden so geführt wurde, daß die Mäuse nicht auf dem Tisch Flamenco tanzten.

Heute ist das Cortijo eine gute Adresse mit fest engagierten Künsten. Irgendwo zwischen Touri-Salsa und andalusischem Gitano-Feuer fühlen sich die Gäste auf einer Urlaubsinsel.

Die Frauen klatschen in die Hände, und die Männer, ay, ay, träumen von der Bluthochzeit mit Carmen.

14. Mai 1998

Kommando Himmelfahrt

Keine Ahnung, Hohes Haus, ob der einfache Stuttgarter, der die Welt aus der Froschperspektive betrachtet, überhaupt noch eine Stimme hat im Parlament. Neuerdings sind unsere Stadtplaner auf dem Luis-Trenker-Trip: Aufi, schnaufen sie, raus aus dem Kessel, alle Mann Wolken schieben.

Kommando Himmelfahrt: ganz Stuttgart auf der *stairway to heaven.*

Natürlich sieht die Stadt von oben angenehmer aus als von unten. Ich räume das ein, weil ich sie zuletzt wochenlang aus dem neunten Stock beobachtet habe. Abteilung Inneres.

Kaum zurück auf dem Boden der Tatsache, daß das Leben weitergeht, packte auch mich der kollektive Höhenrausch. Flugs stand ich oben auf dem Hauptbahnhofsturm im Bistro 21, blickte erhaben in die Runde und versuchte mich bewegt und lauthals an einer Variation von John Lennon: »Tower to the People«!

Danach blieb, glaube ich, der Aufzug stecken. Dem Allmächtigen aber fühlte ich mich näher denn je. Viel weiter oben kann der auch nicht wohnen, es sei denn, er herrschte im Rathaus.

Die Schwingungen jedenfalls sind erstklassig. Der Bahnhofsturm beherbergt Stuttgarts erste Bar, in der es einem auch ohne Drinks schwindlig wird. Man redet vom Teufelturm.

Und Babylon rückt näher.

Am selben Tag, als der Turm fürs Volk freigegeben wurde, entschied sich der Gemeinderat für den nächsten Ausflug ins All. An der Heilbronner Straße werden drei Hochhäuser gebaut, damit wir endlich eine richtige Großstadt werden. 60 Meter aufi, liebe Leserinnen und Leser, wie Ikarus der Sonne entgegen, das scheint mir wenigstens so aufregend wie Peterchens Mondfahrt.

Jetzt werden Nägel mit Köpfen gemacht. Freuen wir uns über die Sinnlichkeit der Betonköpfe, die so erregt an den Wolken kratzen, daß unsere Frauenbeauftragte bereits die Englein singen hört: Phallerie, Phallera.

Die Diskussion über Hochhäuser, auch über die etwas niedrigeren wie unsere Drillingstürme, ist wichtig, weil sie wirklich wichtige Probleme in den Schatten stellt.

Dabei hatte ich schon gedacht, jetzt würde mal ernsthaft über die Kellerkinder in der Innenstadt debattiert, bevor dort die Geisterstadt 21b entsteht. Bedrohliche Entwicklungen aber werden in der Regel nicht politisch verhindert. Man schaut so lange zu, bis die Türme wanken. Dann bestellt man einen »Manager« und erstellt ein »Konzept«, das verspätete Alibi der Nichtstuer. Heraus kommen danach in der Regel »Events«.

Es ist folglich damit zu rechnen, daß die Königstraße dem-nächst »Erlebnis-Highway« oder »Root 21« heißt. Wenn dann noch die Zwirbelbärte der heimischen Dixieland-Kapellen geholt werden, wie jüngst zur Belebung des Zeppelin-Carrés, dann wissen wir, daß sich die Depression ausgebreitet hat auf Stuttgarts *Boulevard of broken dreams.*

Schuld am Totentanz im Zentrum, heißt es ernsthaft, sei der alte Kaiser Wilhelm. Der parke immer noch seinen Gaul mitten auf dem Karlsplatz, so daß diese innerstädtische Freilicht-Arena nicht auf Trab und die Konjunktur nicht in Schwung kommt.

Wilhelm, altes Haus, mach den Abritt, sonst gibt's den Huf!

Wollte hochhausmäßig unserem City-Manager noch empfehlen, für die Skyscraper im Norden Sponsoren an Land zu ziehen. Stehen unsere Betondinger erst mal aufrecht, will uns die Produktwerbung nach Kräften stützen.

Scharf darauf sind bereits die Verkäufer von Viagra.

20. Juni 1998

Good Morning, America

Ist ja gut, verehrte Deutschländer, ich weiß, daß Sie heute so lange mit schwarz-rot-gold gefärbten Bettüchern rumrennen, bis die Kroaten in der Innenstadt Karussell fahren und behaupten, sie würden Weltmeister.

Noch ein Slibo-Witz, hö, hö.

Ich werde heute die Stars & Stripes schultern, bei McDonald's einen Super-Whooper reinziehen und danach Gerd Rubenbauer dermaßen scharf ignorieren, daß es ihn vom Soccer haut. Fußball ist für Milchbubis.

Alles Möller, oder was?

Let's go. Auf den Burgholzhof zum Bullenreiten – womit Sie, Herr Wachtmeister, überhaupt nicht gemeint sind. Heute, am 4. Juli, feiern wir den Unabhängigkeitstag: Good morning, America. In den letzten Barracks der Stadt knallen die Korken. Steht auf, wenn ihr Besatzungskinder seid! Die Amis haben 220 Jahre gebraucht, ehe ihnen ein Stuttgarter Hollywood-Regisseur namens Roland Emmerich den Film zur Geschichte drehte:»Independence Day«. Aber das wundert nicht. Der Stuttgarter an sich denkt längst amerikanischer als die Nord- und Südstaatler zusammen.

Nachdem der Amerikaner schon früh den Western und den Rock'n' Roll erfunden hatte, glaubte ein Schwabe, er müßte eine eigene Variante des Showgeschäfts nachlegen – das Musical als Kaffeefahrt, Event genannt.

Parole: Think big.

Um darüber nachzudenken, stieg ich den Württemberg hinauf zur Grabkapelle der Königin. Am Horizont entlud sich ein Gewitter, das aus Baden-Baden herüberkam. Ich sah noch, wie der Fernsehturm in sich zusammenfiel und den Standort Stuttgart unter sich begrub. Dann hatte ich eine Vision. Ich lief durch die Kulisse einer Geisterstadt. Im Saloon starb Miss Saigon ihren letzten Tod. Keiner schaute hin. Am Ende ritt ein einsamer Mann aus der Vorstadt in die untergehende Sonne.

So long, Busy Rider. Dein weites Land ist verlorenes Land.

Das amerikanische Think-big-Syndrom, der Gedanke, daß alles geht und steht, sofern man nur will, hat sich hierzulande so erfolgreich durchgesetzt wie in Billy Clintons Oral Office.

Aus der selbsternannten Medienmetropole Baden-Baden, wo jetzt Rundfunk und Fernsehen neu erfunden werden, dringt die Kunde, der Stuttgarter Chef der Dekra Promotion, Rainer Vögele, sei bei seinen regionalen Weltmeisterschaften der Späthschen Seilschaften ausgeschieden. Sudden Death.

Schuld an Vögeles Abgesang hat das Publikum. Warum kam es nicht wie bestellt für teures Geld in Baden-Badens pompöses Festspielhaus? Wie? Baden-Baden kennt keiner? Mag keiner? Braucht keiner? Yeah.

Man hätte das Vögele nicht antun dürfen, wo er doch so viel von Tennis versteht, daß er sich auch gleich noch die Oper samt der Operette einpfeifen wollte. Orientiert hat sich unser Big Mäc, der ja auch in Stuttgart schwarze Kurschatten hinterlassen hat, übrigens an Deyhles Marketing-Modell.

Think big! Die Fledermaus dreht ab.

Alles in allem, ladies and gentlemen, haben wir eine aufregende Woche hinter uns. Vorübergehend hatte man sogar befürchtet, das Think-big-Spiel »Stuttgart 21« müßte aus juristischen Gründen abgepfiffen werden.

Dummes Zeug. Wir gehen planmäßig unter Tage. Bald gibt's Rodeo – beim Schweinsgalopp der großen Schwaben.

4. Juli 1998

Noch 'ne Taxe
zur Oper

Falls Ihnen heute ein Korso mit lauter Rennautos begegnet, lassen Sie, bittschön, Ihre Deutschlandfahne im Keller. Wir sind nicht Weltmeister. Porsche feiert seinen 50. Geburtstag.

Niemals durchdrehen, verehrtes Publikum. Bewahren Sie Ruhe. Singen Sie erst dann, wenn Sie gefragt werden. Kann ja sein, daß er noch kommt, der Herr Tenor.

Wenn Sie, liebe Leserinnen und Leser, am Mittwoch in der Staatsoper hockten, hatten Sie Glück. Jetzt können Sie Ihrem Enkel endlich was erzählen: Sie waren heiß auf »Tosca«. Aber dann gab's nada.

Der Tenor, ein rumänischer Ehrenmann namens Gabriel Sadé, tauchte nicht auf. Der Vorhang blieb unten. Das Publikum tobte: Puccini futschi! Was lief hier für eine falsche Nummer? Warten auf Godot? Die Macht des Schicksals?

Dr. Kimble auf der Flucht? Das Publikum wurde nach Hause geschickt, das Phantom der Oper blieb verschwunden. Allerdings wird behauptet, es sei sowohl in einem »Chinarestaurant« als auch bei einem »Japaner« gesehen worden.

Mag sein. Als Verehrer des internationalen Schmettergesangs glaube ich aber nicht, daß die Beziehung zu unserem Tenor deshalb einen Stimmbruch erleiden könnte.

Im Gegenteil. Mein tiefstes Verständnis, Signor Sadé. In der Rolle des Mario Cavardossi war es eine Frage der Zeit, bis Sie die Schnauze voll hatten von »Tosca«. Null Bock mehr, sich Abend für Abend von einer korrupten Exekutionsbande über den Haufen ballern zu lassen, ehe Ihre Tussi gefrustet von der Engelsburg hupft.

Der Verdacht, Sie hätten am Mittwoch abend vor der Glotze gelegen, um Fußball zu gucken, ist falsch. Ihre Gurkentruppe aus Rumänien war bei der WM längst rausgeflogen.

Die Geschichte mit dem japanischen Lokal ist dagegen einleuchtend. Was wäre so merkwürdig daran, wenn Sie statt auf Tosca mal auf rohen Fisch stünden?

Schätze mal, Signore, Sie saßen am Mittwoch in einem Fernost-Wirtshaus im Zeppelin-Carré – nicht weit entfernt von der Staatsoper und zudem ein beliebter Treffpunkt Stuttgarter Geishas und Groupies.

Sie tranken ein bisserl Reiswein, Fachjargon: Sake, wurden aber irgendwie nervös, weil Sie das dumme Gefühl plagte, etwas vergessen zu haben. Aber was? Ihren Regenschirm? Ihre Kohle? Ihren Text?

Um der Sache auf den Grund zu gehen, beschlossen Sie, einen Blick in Ihre Garderobe im Großen Haus zu werfen. Sie winkten dem Kellner und sagten freundlich, sotto voce:

»Eine Taxe, prego, zur Oper!«

Der Kellner reagierte sofort und brachte Ihnen ein gut gefülltes Schälchen. Um nicht unhöflich zu sein, nahmen Sie eine kleine Probe, wiederholten aber Ihre Bitte mit Nachdruck, appassionato:

»Eine Taxe, pronto, zur Oper!«

Drei Sekunden später stand ein weiteres Schälchen auf dem Tisch, es sah eher aus wie zwei Schälchen.

Jetzt wurden Sie deutlich, erhoben bebend Ihr gewaltiges Organ:

»Ein Taxe, stronzo! Zur Oper!«

Zu spät. Werfen Sie, Signor Sadé, den Kellner nicht von der Burg. Er hat Ihre Order falsch verstanden:

»Einen Sake. Prosit, Herr Ober!«

11. Juli 1998

Adieu, Suker-Baby
Ein Lyoner, die Mafia und die deutsche Tugend

Vom internationalen Fußball in seiner geballten Macht wurden Sie, liebe Leserinnen und Leser, in diesem Buch bisher verschont. Aber noch ist das Spiel nicht aus:

Die letzte Flasche Côte du Rhône ging zur Neige. Die Asche der Gauloise war kalt. Irgendwo quakte klagend ein Frosch.

Die deutsche Mannschaft, fand der ARD-Experte Aleksandar Ristic gerade heraus, habe verloren, weil sie »kein Tor machen« konnte.

Ich stimmte ihm zu, obwohl er das Spiel nicht objektiv beurteilen kann, weil er vom Balkan stammt.

Was, Sie Erbsenzähler, sind drei kroatische Tore gegen die deutsche Tugend? Was ein kroatischer Konter gegen den deutschen Charakter?

Nicht das DFB-Team habe verloren, sagte der Verteidiger Jürgen Kohler, »sondern der Schiedsrichter«. Warum nur würden »immer die Deutschen bestraft«?

Die Deutschen, ergänzte der Bundestrainer Berti Vogts, müßten zwar nach Hause fahren, aber das hätten nicht die Spieler, sondern »andere Leute zu verantworten«.

Womöglich die Reiseleitung? Nein. Schuld hatte eine mafiose Connection, eine antideutsche Verschwörung.

Vielleicht, mutmaßte Berti, sei der »deutsche Fußball zu erfolgreich«. Dem Rest der Welt so sehr überlegen, daß er nicht von Holland, nicht von Frankreich, nicht von Brasilien, sondern nur von der Fifa gestoppt werden kann.

Ein richtiger Gedanke. Schließlich war die Elitetruppe des DFB schon bei der WM vor vier Jahren so hochkant im Viertelfinale rausgeflogen, daß sich die Frage stellt: Wer hätte jetzt in Frankreich mit legalen Mitteln ihren Durchmarsch verhindern können?

Viva Croatia? Pfeifendeckel! Fifa Croatia!

Bundeskanzler Helmut Kohl, der den Skandal live beobachtete, hätte, wenn er ein Deutscher wäre, die diplomatischen Beziehungen zu Oslo sofort abbrechen müssen. Es war ein norwegischer Pfeifenkopf, der die rote Karte zückte, weil Kroatiens Kapitän gegen unseren Wörns den Elchtest vermasselt hatte.

Das war keine Gewalt, Herr Richter! Suker-Baby ließ sich freiwillig flachlegen.

Und überhaupt, Herr Kohl. Wer hat denn schuld am Reinfall von Lyon? Waren es nicht Sie und Ihr Außenminister, die Kroatien einst aus alter Verbundenheit voreilig als autonomen Staat anerkannten? Hätte es damals angesichts unserer fußballerischen Wende nicht auch Mazedonien getan?

Kohl, in völliger Verkennung der internationalen Lage, wohl aber im vollen Bewußtsein, die Wahl sowenig zu gewinnen wie Kamerad Berti die WM, wuchtete an der Stätte der Schmach sein stattliches Lebendgewicht auf den Balkon des örtlichen Rathauses. Jetzt, keuchte er, ist alles Wurscht, und er beschloß, in der Fremde um Asyl zu flehen:

»Ich bin«, skandierte er in den dunkelblau gefärbten Nachthimmel, »ein Lyoner!«

Vive Elmü! krähte ein gallischer Hahn und wandte sich schlaftrunken wieder seinen Hennen zu, die gerade am Eierlegen waren.

Noch aber bin ich am Brüten, was wohl passiert wäre, hätte der Norweger unseren Wörns nicht vom Platz gestellt.

Angenommen, wirklich nur angenommen, liebe Sportskameradinnen und Sportskameraden, die Deutschen hätten auch mit Wörns verloren. Wer trüge dann die Verantwortung?

ARD-Kommentator Gerd Rubenbauer? »Wir leiden und fühlen mit

ihm«, sagte er. Meinte er den Ball, der gerade mit voller deutscher Tugend vor Bierhoffs Kopf gestoßen wurde? Nein. Er litt an Berti Vogts.

Der erlebte in seinem 100. Länderspiel als Fußballehrer der Nation 100 Jahre Einsamkeit, einen Zustand tiefer Depression, den wir jetzt alle zu befürchten haben. Was sind unsere Fernsehabende noch wert? Zidane und Kluivert statt Ziege und Kohler? Brotlose Kunst statt deutschem Kampfgeist?

Der deutsche Fußball, las ich eben in gebückter Haltung, sei in ein »tiefes Loch« gefallen. Ich blickte kurz hinter mich, erkannte die Wahrheit und stand auf, weil ich ein Deutscher bin.

Dann drückte ich, beseelt von einem Neuanfang, dem deutschen Fußball den Daumen. Ich hörte das Rauschen von Atlantik und Mittelmeer, lauschte dem Glucksen der Seine. Es roch nach Strandgut und Paris.

Das war das Ende des Spüls.

Gaisbourger Brücke

Mitten in der Nacht stand der Gerichtsvollzieher in der Wohnung. Er holte den Fernseher – er war noch warm – aus dem Bett, packte den Schampus zusammen und sagte: »Rien ne va plus.«

Ich sagte »Vergelt's Gott«, tunnelte den Kretin mit einem verächtlichen Sambaschritt und riß Ronaldos Starschnitt von der Wand. Ich hatte die letzte Kohle auf Brasilien gesetzt, und das Spiel war aus.

Ronaldo magenkrank. Von den eigenen Winden verweht. War das der Pfiff Gottes? Draußen kurvten hupende Vehikel durch die Straßen, nackte Körper ragten aus den Schiebedächern: der Auto-Torso.

Zwotausend Franzosen leben in der Stadt. Jeder von ihnen muß wohl zwo Röno mit je zwei Tröten besitzen. Zu wenig freilich für den Korso der Weltmeister, und so hatten die Frösche auch Kroaten und

Brasilianer engagiert. Dies wiederum motivierte die Deutschen, mit ihren Geländewagen hinterherzugrätschen. »Sieg! Sieg! Sieg!«

Selten zuvor hat Stuttgart eine solche ethnische Fusion erlebt. Weiß und Schwarz, Gelb-Grün und Blau-Weiß-Rot, Rot-Weiß und Schwarz-Rot-Gold. Allez, les bleues!

Auf dem Rotebühlplatz sangen sie »O Champs-Élysées«, auf der Königstraße schnaubte der Asphalt. Am Karlsplatz pullerte ein Clochard, müde vom Fischmarkt, Kaiser Wilhelm ans Standbein. Der satte Strahl zeichnete die Kurven des Triumphbogens in die Luft.

Der Morgen nahte, die Stadt erwachte. Eine ausgerissene Seite der »Liberation« wirbelte übers Trottoir. Ein Transvestit huschte durch die Schatten der Leonhardstraße. Aus dem Schinderhannes drang die Preßlufthammerstimme von Madame, »Je ne regrette rien.« Ich auch nicht, sagte ich, und gab Ronaldo aus der Ferne einen fürchterlichen Tritt. Von hinten, deutsche Tugend, der Schiri bemerkte nichts. Es war Zeit, die Straßenseite und die Farben zu wechseln. Vergeßt Brasilia. Ich ging zum Bäcker Schmälzle, erbettelte zwo Croissants und ein Baguette und beschloß, ein Mofa zu klauen. Wie sonst sollte man ein Baguette nach Hause fahren? Rififi ist überall.

Es war Zeit für ein Schlückchen Pernod. Die Auswahl an Bars, die in der Stadt französisch bedienen, ist groß. Am Moulin Rouge, Königstraße, hingen die Flügel lahm im Morgenwind. Das Rotlicht und die Tänzerinnen waren erloschen. Am Eingang hielt ein Missionar die deutsche Stellung. Die Franzosen, sagte er, hätten wir heute weggeblasen. In diesem Augenblick hupte es aus dem Kroatenblock. Der Missionar macht die Räume eng und grätschte nach Hause.

»Die Brasilianer«, fuhr plötzlich Heribert Faßbenders O-Ton zur Erde nieder, »verlieren zu viele Zweikämpfe im Duell Mann gegen Mann.« Mir wurde klar, daß es richtig war, mit dem Franzosen zu kollaborieren. Ich verdrückte Croissant Nummer zwo, nahm einen Schluck Pernod und stieß in der Unterführung mit Mayer-Vorfelder zusammen. Der hatte gerade eine Roth-Händle mit dem Stiefelabsatz zermalmt und sich eine Gauloise ins Gesicht gesteckt. »Merde«, stammelte er. Es klang wie »Berti«. Auf die Blauen! sagte ich, reichte ihm meinen Flachmann und verabschiedete mich auf französisch.

Auf der Gaisbourger Brücke, Rive gauche, hatten sich inzwischen die Akkordeonspieler der Stadt versammelt. Die Marsellaise erklang, traf mich hart wie ein Kopfstoß von Zidane in der Magengrube, wo zwo Croissants von Schmälzle schlummerten. Mir dämmerte, daß man mit diesem Lied im Ohr niemals verlieren und schon gar nicht pennen kann.

Allons enfants! krähte gallig der Hahn: Heute ist französischer Nationalfeiertag. Ronaldos Hosen hängen auf halbmast.

14. Juli 1998

Karl Napf
Der Schwabe als solcher
Eine heitere Charakterkunde. 158 Seiten mit 14 Zeichnungen von Mechtild Schöllkopf-Horlacher. Karl Napf gelingt es wieder einmal auf unnachahmliche Weise, die Facetten schwäbischer Wesensart zu beleuchten.

Karl Napf
Der neue Schwabenspiegel
208 Seiten mit 14 Zeichnungen von Mechtild Schöllkopf-Horlacher. Nicht ganz ernst gemeinte Betrachtungen über schwäbische Leut' von heut', z.b. »Die Kehrwöchnerin«, »Der Daimlerarbeiter«, »Der Häuslebauer«, »Der Tüftler« und viele mehr.

Helmut Engisch
Der schwäbische Büffelkönig und die Löwenmadam
Ergötzliche Geschichten von couragierten und kuriosen Schwaben. 200 Seiten. Neue, brillant erzählte Geschichten über schwäbische Originale.

Helmut Engisch
Ein Mönch fliegt übers Schwabenland
Ergötzliche Geschichten von gescheiten und gescheiterten Schwaben. 200 Seiten. Vortrefflich geschriebene Geschichten über unverwechselbare Originale, Hurgler, Bruddler und andere rare Vögel aus dem Schwabenland.

Wolfgang Brenneisen
I mag di!
Schwäbische Romanzen. 160 Seiten. 12 vergnügliche Geschichten um das wohl Wichtigste im Leben: die Beziehung zwischen Mann und Frau.

Armin Lang
Pferdle & Äffle III
Spaß muß sei!
84 Seiten mit 40 farbigen und zahlreichen Schwarzweiß-Abbildungen. Neue Szenen, Gags und Sprüch' von Pferdle & Äffle. Ein Buch für alle Fans, denen die schwäbischen Werbe-Viecher ans Herz gewachsen sind.